国家社会科学基金项目"世界社会主义与资本主义前途命运暨当代国际形势研究"(项目编号：18@ZH013)阶段性成果之五

新冠肺炎疫情与国际时局

———— 王伟光◎主编 ————

中国社会科学出版社

图书在版编目(CIP)数据

新冠肺炎疫情与国际时局/王伟光主编.—北京：中国社会科学出版社，2021.12（2022.6 重印）

ISBN 978－7－5203－9478－9

Ⅰ.①新… Ⅱ.①王… Ⅲ.①新型冠状病毒肺炎—影响—国际政治—研究 Ⅳ.①D5

中国版本图书馆 CIP 数据核字（2021）第 275838 号

出 版 人	赵剑英
责任编辑	李凯凯
责任校对	赵雪姣
责任印制	王 超

出　　版	中国社会科学出版社
社　　址	北京鼓楼西大街甲 158 号
邮　　编	100720
网　　址	http://www.csspw.cn
发 行 部	010－84083685
门 市 部	010－84029450
经　　销	新华书店及其他书店
印　　刷	北京明恒达印务有限公司
装　　订	廊坊市广阳区广增装订厂
版　　次	2021 年 12 月第 1 版
印　　次	2022 年 6 月第 2 次印刷
开　　本	710×1000　1/16
印　　张	14.75
字　　数	181 千字
定　　价	78.00 元

凡购买中国社会科学出版社图书，如有质量问题请与本社营销中心联系调换
电话:010－84083683
版权所有　侵权必究

目　　录

一　新冠肺炎疫情与世界格局变化

关于世界性新冠肺炎疫情与国际时局 …………… 王伟光（3）
对疫情背景下国际形势变化的几点思考 …………… 吴恩远（41）
新冠肺炎疫情与拉美时局 …………………………… 徐世澄（46）
新冠肺炎疫情形势下的三点思考 ……………………… 辛向阳（58）
新冠肺炎疫情对世界的主要影响 ……………………… 戚建国（64）
新冠肺炎疫情下国际形势的变与不变 ……………… 裘援平（71）
朝鲜面对新冠肺炎疫情的防控措施 …………………… 李永春（76）

二　新冠肺炎疫情与中国社会主义制度优势

从中西方疫情防控看中国制度优势 …………………… 钟　君（89）
从抗击新冠肺炎疫情看中国为什么能够集中力量
　办大事 ………………………………………………… 梁　孝（100）
人民战争是取得抗疫胜利的重要法宝 ………………… 雷树虎（115）
新冠肺炎疫情与世界社会主义的发展机遇 …………… 柴尚金（128）
新冠肺炎疫情防控视域下当代世界
　社会主义的新特点 …………………………………… 林建华（136）

为推动构建人类命运共同体持续贡献中国力量 …… 任晶晶（145）

三 新冠肺炎疫情与资本主义制度弊端

弗洛伊德事件与美国政治的"制度失灵" ………… 魏南枝（161）
新冠肺炎疫情、逆全球化与资本主义
  发展失衡危机 ……………………… 亓为康　丁　涛（179）
美国新冠肺炎疫情加剧社会不平等的现状和
  成因 ………………………………… 李　静　程恩富（193）
疫情期间美国对华政策改变的历史因素
  分析 ………………………………… 高　颖　倪　峰（206）
新冠肺炎疫情暴露了资本主义制度的
  局限性 …………………… ［意］安德烈·卡托内（218）

从后疫情时期看百年未有之大变局
  ——"新冠肺炎疫情与国际时局"学术研讨会
   综述 ………………………………………… 张　博（224）

后　记 ……………………………………………………（233）

一

新冠肺炎疫情与世界格局变化

关于世界性新冠肺炎疫情与国际时局*

王伟光

每当国内外时局发生重大转折的关键时刻，我们党总是客观、冷静地研判时局的变化，科学、认真地把握时局变化的特点、规律和趋势，从而提出正确的理论路线、战略策略、方针政策和工作任务，引导斗争不断从胜利走向胜利。处在新冠肺炎疫情席卷全球与国际时局大变之势的当今，怎样认识国内外时局和疫情对时局的影响，是关系执政党的既定目标能否实现的重大问题。

一 疫情属外部自然灾害，制度是影响、制约社会发展的内部原因

新冠肺炎疫情犹如洪水猛兽，不分国别、民族、肤色、性别、年龄……横卷五大洲，肆虐全世界，吞噬生命，糟蹋财富，危害人类生存与社会安全。这原本是天灾，却和人祸紧紧连在一起。自从有了人类和人类社会，天灾人祸几乎成为孪生兄弟。所谓天灾是自

---

* 原载《世界社会主义研究动态》2020 年 10 月 14 日第 73 期、第 74 期，主要内容发表于《哲学研究》2020 年第 11 期。

然灾害，如水灾、火灾、地震、海啸、瘟疫，等等。所谓人祸，是人类社会弊端及人类自身失误所造成的灾难，如剥削、压迫、战争、屠杀、动乱，等等。疫情可谓天灾，却与社会制度、执政者及其治理体系和治理能力紧密联系在一起。**美国与中国是两个不同社会制度的典型国家，在抗疫斗争中，截然不同的表现，彰显了两种不同社会制度，不同执政党及其治理体系和治理能力的质的差别。**

疫情是自然因素，制度是社会因素。当然人与人类社会是自然的一部分，自然所具有的基本属性，比如物质性，自然和人类社会都具有。人类社会历史是自然历史过程，人类社会发展最终要遵从自然发展的一般规律。自然与人类社会相对而言，自然又是社会的环境条件，社会自身的内在矛盾是社会发展的内部原因。从这个意义上来说，社会虽然受自然因素的制约和影响，最终要受自然规律支配，但决定社会历史发展变化的是其自身内部原因，社会生产力和生产关系，经济基础与上层建筑的基本矛盾决定了社会历史发展的趋势和动向。自然因素可能会对社会历史产生重大影响，但必须通过社会内部自身原因而发生作用。内因是变化的根据，外因是变化的条件。适当的温度可以使鸡蛋孵出小鸡，但适当的温度却不会使石头孵出小鸡。有人面对汹汹而来的新冠肺炎病毒怕得要命，谈虎色变而无所作为，听之任之，放任自流；有人面对不断加剧的美国对我打击的力度和强度，怨这怨那，认为是自我宣传过度，太过于强硬，引起美国反弹，把美国的打压，归结于我们的政策，甚至言论过激……面对疫情的巨大冲击和美国对我持续打压的双重加压态势，有人怨天尤人，这除了缺乏勇气、胆略和定力之外，也缺乏对待疫情和美国打压双重叠加态势的马克思主义正确认识。疫情可以使时局发生变化，但时局变化的根本还是社会制度之争。

国际局势因疫情的大暴发，突然风起云涌、波诡云谲、变化多端、扑朔迷离，令人眼花缭乱，难以揣摩。然而以社会主义与资本主义两种社会制度的斗争为主线的国际时局本质却始终没有改变，万变不离其宗。疫情只是增添了国际时局的不确定性，增添了复杂的变数，增添了形形色色的迷惑人眼的表象，并没有从根本上改变世界局势发展变化的内在逻辑和总的趋势。这就好比是煮在热锅里上下翻滚的牛肉汤，增添了佐料，只是改变了汤的颜色或口味，牛肉汤的本色并未改变。**我们观察今天的国际时局，既要看到疫情给国际时局带来的新变化，又要看到国际时局的本来面貌和实质，既不因突如其来的疫情而看不清大势，又不因看不到疫情带来的新变化而识不清变数。既要看清时局的本质和总趋势，又要认清疫情带来的变化，才能处变不惊，"乱云飞渡仍从容"**[①]**，从容地采取正确的应对之策。**

二　科学判断不变之中大变的国际时局，做到胸中自有雄兵百万

　　如何认识受疫情影响和制约的当下国际时局呢？观察、分析、认清当前国际时局，看不到疫情给国际时局带来的重大冲击，肯定是片面的。但要**认清疫情渗透影响制约下的国际时局，就必须灵活掌握马克思在《资本论》中所运用的分析方法，即从具体到抽象，再从抽象到具体的方法。**

　　马克思在《资本论》中彻底揭示资本主义内在矛盾及资本主义剥削的实质，科学指出资本主义必然灭亡的历史趋势，首先从资本

---

① 中共中央文献研究室编：《毛泽东年谱（1949—1976）》第5卷，中央文献出版社2013年版，第18页。

主义活生生的经济现实中抽取最基本的细胞——商品，从资本主义商品二重性矛盾的抽象分析入手，进入劳动二重性矛盾的抽象分析，从而揭示出资本主义社会不可克服的基本矛盾及其运行规律的全部秘密。这就是从具体到抽象，再从抽象到具体的分析方法。也就是说，认识事物必须从具体开始，但分析事物，认识事物本质，必须进行抽象分析。人类认识事物总是从具体事物开始，进入抽象分析，然后找出事物一般规律，再用一般规律的概括去认识具体事物，这是人类的一般认识逻辑。也就是说，从具体的、活生生的疫情"搅局"的社会现实中抽离出世界局势的本质、逻辑、趋势，即剥开疫情给当今社会带来的表面现象，找出世界局势的本质、逻辑和趋势，然后再从国际局势的本质、逻辑、趋势的一般规律，去认知疫情所带来的时局变化。

　　如何理解我们当前所面临的国际时局呢？最重要的是深刻理解习近平总书记的两句话，这两句话极端重要。第一句话，"尽管我们所处的时代同马克思所处的时代相比发生了巨大而深刻的变化，但从世界社会主义 500 年的大视野来看，我们仍然处在马克思所指明的历史时代"[①]。这句话告诉我们，马克思主义经典作家所判定的"大的历史时代"没有改变。第二句话，"当前中国处于近代以来最好的发展时期，世界处于百年未有之大变局"[②]。这句话告诉我们，在"大的历史时代"没有变的前提下，我们正处于百年未有之大变局。习近平总书记这两句话深刻揭示了国际时局的辩证法。第一句话讲的是不变，第二句话讲的是大变，不变中有大变，大变中有不变。要学会善于用马克思主义的辩证思维来分析国际形势，从不变中看到大变，从大变中看到不变，才能真正认清今天的国际时

[①] 习近平：《习近平谈治国理政》第 2 卷，外文出版社 2017 年版，第 66 页。
[②] 习近平：《论坚持推动构建人类命运共同体》，中央文献出版社 2018 年版，第 539 页。

局的内在逻辑、发展趋势和变化主线。如果只看到大变,没看到不变,就会错误地认为马克思主义经典作家所指明的历史时代根本改变了,就会认为马克思主义经典作家关于"大的历史时代"的性质、矛盾、战略、策略的判断不管用了,就会得出马克思主义"过时了"的错误结论,就会从根本上否定马克思主义的指导地位,看不清今天国际时局的主线、主流和本质;如果只看到不变,没看到大变,就会陷入教条主义泥坑,无法说明和应对今天国际局势的大变,同样也会犯重大错误。

那么如何理解关于国际时局"不变"的一面呢?

第一,马克思所指明的历史时代没有改变。

马克思指明的历史时代是什么呢?马克思恩格斯在《共产党宣言》中讲了一句话,"我们的时代,资产阶级的时代"[①]。我们今天的历史时代仍然是资本主义的生产方式占主体的历史时代,资本主义的历史时代并没有结束。从资本主义制度确立一直到现在,就全世界来说,资本主义的生产方式仍然是占主体地位、起主导作用的,资本主义"大的历史时代"根本性质没有改变。时代这个概念,有广义和狭义两个用法。狭义的用法,比如我国进入中国特色社会主义新时代,是从中国特色社会主义发展角度提出的用法。广义的用法,就是马克思判定的"历史时代"的用法。马克思判定的"历史时代"概念就是指,运用唯物史观以生产方式作为判定标准而形成的马克思主义时代观。马克思主义经典作家认为,以社会生产方式为标准来判断,人类历史发展经过了原始社会、奴隶社会、封建社会、资本主义社会生产方式,经过社会主义社会生产方式过渡,最后到达共产主义社会生产方式(社会主义生产方式是共产主

[①]《马克思恩格斯选集》第 1 卷,人民出版社 2012 年版,第 401 页。

义生产方式的第一阶段）。这五种社会生产方式，构成了人类历史的"五种社会形态"，也就是五个"大的历史时代"——原始社会、奴隶社会、封建社会、资本主义社会、共产主义社会历史时代，社会主义社会是共产主义社会第一阶段。"五大历史时代"的时代观也就是马克思主义唯物史观所讲的"五种社会形态说"，人类历史的一般规律是都要经过五种社会形态或五个历史时代。当然，个别国家、地区、民族也会有特例，发生跨越式发展，但一般规律是客观的历史趋势，不能否定。否定了"五大社会形态说"或"五种历史时代观"，也就否定了唯物史观，否定了人类历史发展的事实。历史虚无主义错误之一，就是否定人类社会形态发展历史，不承认人类社会经过原始社会、奴隶社会、封建社会、资本主义社会，最后经过社会主义社会过渡到共产主义社会，从而否定人类历史经过阶级社会，存在阶级斗争，否定一种社会形态代替另一种社会形态的社会革命。关于"五种社会形态"或"五大历史时代"的观点，是马克思主义唯物史观最基本的原理之一。否定了五种社会形态发展一般规律，否定了马克思主义时代观，就会出现否定革命、"告别革命"，抹黑"革命历史人物"的严重错误。历史虚无主义错误思潮泛滥的根子，就是否定历史唯物主义的"五种社会形态"演变一般规律理论，否定马克思主义时代观。"五种社会形态"发展的历史时代不讲了，根本的东西、基础的东西就被抽掉了。任何一个旧的历史时代被新的历史时代所替代都是一场社会革命。奴隶社会代替原始社会是一场革命，封建社会代替奴隶社会也是一场革命，资本主义社会代替封建社会，同样是一场革命。今天社会主义社会代替资本主义社会，要消灭剥削制度，最终消灭阶级，更是一场深刻的社会革命。历史虚无主义从根本上否定了唯物史观"五种社会形态"发展史，否定了唯物史观的时代观，就否定了历史上的一切社会革命。历史就变成了皇权更替史、王权更替史了。正如毛泽东同志批评的那样，奴隶们创造历史的唯物史观，被英雄创造历史的唯心史观替代了，不是人民创造历史，而是少数人创造历史，这是根本问题。

我们今天所处的时代，正如习近平总书记所讲"仍然处在马克思所指明的历史时代"，也就是资本主义生产方式占主导地位的时代。在这个历史时代，始终贯穿着两种社会制度的斗争，世界资本主义发展历史也正是世界社会主义发展历史，资本主义历史时代始终贯穿了工人阶级和资产阶级的斗争，贯穿着两种社会制度的斗争。所以习近平总书记讲，我们和美国这场斗争是"两种意识形态、两种社会制度的历史演进及其较量"[1]，这就一下子揭示了中美关系的本质，这是我们认识中美关系的根本出发点。

第二，资本主义社会基本矛盾没有改变。

资本主义社会基本矛盾是社会化的大生产与资本主义的私人占有制的矛盾，这对矛盾是不可调和的，越来越激烈，最终矛盾激化、白热化，导致资本主义灭亡。这就是马克思的《资本论》、列宁的《帝国主义论》深刻揭示资本主义的内在矛盾运动规律所得出的科学结论。马克思在《资本论》中指出，资本主义社会基本矛盾具体表现为资本主义各个企业内部生产的有组织与整个社会生产的无政府状态的矛盾，资本主义生产的无限扩大的趋势和劳动人民有支付能力的需求相对缩小的矛盾，资本主义财富的无限积累和劳动人民的相对贫困的矛盾。这些矛盾的激化表现为周期性的经济危机，危机—缓解—再危机—再缓解……资本主义世界几乎是十年左右一次大的经济危机，一直到2008年的金融危机，这场疫情可能

---

[1] 中共中央宣传部编：《习近平新时代中国特色社会主义思想三十讲》，学习出版社2018年版，第3页。

又会带来新一轮危机，资本主义的发展进程就是不断在危机中演变的历史，就是在周期性危机中一步一步走向灭亡的进程。美国现在所发生的国内暴乱，就是马克思在《资本论》中所判定的资本主义基本矛盾没有改变的活生生的体现。资本主义社会基本矛盾在全球的现实生活中，表现为社会主义国家与资本主义国家之间的矛盾，资本主义国家之间的矛盾，垄断资本主义国家同广大新兴国家和发展中国家的矛盾，资本主义国家内部工人阶级及其广大人民群众与少数垄断资本统治集团的矛盾。世界上一切时局的变化，都是这些矛盾错综复杂的表现，与这些矛盾的变化密切关联，并由这些变化的矛盾所致。

第三，社会主义与资本主义两种制度的国际斗争主线没有改变。

社会主义必然代替资本主义，资本主义必然拼命反对，这就产生了两种社会制度你死我活的斗争。有人说中国和美国的斗争是老大和老二的利益之争，老二强大了，老大要把老二打下去。有这样一个问题，但更根本的是制度之争。为什么美国历届总统从来都没有放弃颠覆社会主义中国？因为中国是社会主义国家，是共产党领导的国家，是人民的国家。不管美国总统是民主党人，还是共和党人，在反华这个问题上尽管在策略上有所不同，在根本目的上是完全一致的，因为他们反对中国的社会主义制度，反对中国共产党的领导。社会主义制度代替资本主义制度是制度之争，也是人民的利益与资本的利益的根本利益之争，这是贯穿整个资产阶级历史时代的历史主线。按照矛盾辩证法的法则，在任一事物中都存在一对起主导作用的主要矛盾，它的存在、发展和变化决定其他矛盾，决定该事物存在、发展、变化的本质、规律和趋势，社会历史也不例外。资本主义社会形态的生产社会化与私人占有之间的基本矛盾，其一方面表现为工人阶级作为先进生产力的代表所要求的社会主义制度，代表了社会化的大生产，代表了新生的社会形态；另一方面则表现为资产阶级作为落后生产关系的代表所要求的资本主义制度，代表了落后的资本主义私有制，代表了落后的社会形态，这就是资本主义历史时代的矛盾主线，即体现为社会主义制度作为新的生产关系发展新的生产力与资本主义制度作为旧的生产关系阻碍生产力发展的斗争。这对主要矛盾可能在某个国家、某个地点、某个时间会有暂时的地位变化，但不可能改变其总的主导地位。比如，第二次世界大战世界反法西斯统一战线的形成，使世界社会主义与资本主义的主要矛盾暂时降为次要矛盾。

第四，资本主义强，社会主义弱的总格局没有改变。

资本主义强、社会主义弱的总格局至今还没有改变。十月革命开创了人类历史的新纪元，标志社会主义社会形态第一次走上人类历史的舞台。何为新纪元？就是指在资本主义社会形态发展的历程中，产生了新的社会主义的社会形态。也就是说，在资本主义的母体中，产生了新社会制度的新生儿。从哲学上来讲，母亲是旧事物，儿子是新事物。资本主义是旧事物，社会主义是新事物。任何新事物都是在旧事物之中孕育产生的，新生儿是在母体之中孕育产生的。新生儿出生后，因为太脆弱了，有可能夭折。1917年第一个社会主义国家诞生，70多年后失败了，社会主义阵营多数国家也失败了，这说明新生事物的生长并不是一帆风顺的。然而新生事物作为整体是不可战胜的，社会主义作为新生事物，会有夭折，但总体却是不可战胜的，是一定要取代旧事物的。占全球四分之一人口的中国特色社会主义成功了，这是在新的历史条件下，开创了社会主义制度的又一个新的纪元，这是一件历史大事变。资本主义的美国和其他西方诸国怎么会甘心呢？必然拼死抵抗，痴心妄想企图改变历史发展的总趋势。中国特色社会主义强大了，但是在总的实力方面还是不如西方资本主义，这是客观事实，这也决定了社会主义与资本主义两种制度斗争的残酷性、艰巨性、长期性和反复性。

第五，社会主义进入上升期、资本主义进入衰落期的总趋势，社会主义战胜资本主义的总规律没有改变。

资本主义已经一步一步从少年、到青年、到壮年，走过了最盛的时期，现在开始衰落下来了。社会主义已经顽强地成长起来了，特别是中国特色社会主义，标志社会主义发展进入了上升期。历史发展总趋势就是新的东西一定战胜旧的东西，共产主义一定要实现，社会主义一定能胜利，不管出现多少曲折，不管各种各样的"特朗普"使尽招数来搞垮我们，只会增加我们前进中的困难，但永远不能改变历史的发展趋势，"螳臂当车，自不量力"。从中华人民共和国成立以来，从杜鲁门、艾森豪威尔一直到特朗普，不论哪任美国总统，都是江山易改、本性难移，帝国主义的贪婪、侵略、战争本性丝毫没有改变。列宁的《帝国主义论》对帝国主义的垄断性、腐朽性（寄生性）、垂死性的本性揭示入木三分。毛泽东同志教导我们说，"帝国主义的本性是不会随着科学技术进步而变化的"[①]。帝国主义本性不变，帝国主义亡我之心不死。毛泽东的这些政治结论是从把握历史大趋势而得出来的。毛泽东同志指出，帝国主义的逻辑就是捣乱、失败、再捣乱、再失败，直至灭亡。社会主义的逻辑就是斗争、失败、再斗争、再失败，直到胜利。我们只有清醒地认识到总的历史必然和历史趋势，坚信"英特纳雄耐尔"一定要实现，充满社会主义必胜的信心，就不会被暂时的困难吓倒，也不会因对手暂时的强大凶狠而失去信心。

[①] 中共中央文献研究室编：《毛泽东年谱（1949—1976）》第5卷，中央文献出版社2013年版，第407页。

资本主义发展至今，总体上已进入衰退期，社会主义进入了上升期，这个判断是就历史发展总体规律而言的。但任何社会形态在演进过程中，不是总保持一种发展趋势，在一个历史阶段的总体发展进程中，会有特殊情况发生，在上升期也会有倒退、衰落，在下降期也会有前进、上升。比如，在资本主义发展的上升期，也不会总是上升，也有个别、部分、局部、暂时的衰退，在爆发经济危机时，资本主义就有可能在上升进程中出现倒退和衰败，但相对总体上升来说，这又是暂时、局部的。同理，在资本主义衰退期，也会有暂时、局部或个别的上升，甚至一时繁荣，但这不会持久，不过是回光返照。历史的辩证法同样适用于幼稚期和上升期的社会主义。这同人类个体在青春期也会生病，甚至会出现个体夭折的特例一样。社会主义进入上升期，资本主义进入下降期，只是讲总趋势和一般规律，并不排除个别、特殊情况，因此，即使在今天社会主义上升了，中国特色社会主义成功了，也不能忽视还会出现新的困难，面临新的困境。

又如何理解关于国际时局"大变"的一面呢？

第一，科技创新日新月异，给人类生产和生活方式带来了颠覆性的变化，促使国际竞争异常激烈。

邓小平同志指出，"科学技术是第一生产力"。[①] 科技大发展，造成生产更加社会化。就拿移动通信技术来说，1G、2G、3G、4G、5G，变化飞快。5G将彻底改变人们的生产和生活方式。社会主义如果不抓住科技创新就没有出路。和西方资本主义的竞争，无论是制度竞争，还是军事竞争、政治竞争、经济竞争、意识形态竞争，都要拿科技来说话。科技竞争，加剧了制度竞争，引起世界性竞

---

① 《邓小平文选》第3卷，人民出版社1994年版，第274页。

争，造成世界局势瞬息万变，不确定性因素很多。科技创新一方面促进了社会化大生产的发展，另一方面社会化大生产同资本主义私人占有的矛盾也更为激化、尖锐，科技创新不仅没有改变资本主义的基本矛盾，反而使其进一步加剧。

第二，全球化席卷世界，加剧了两种制度之争，世界格局更为复杂多变。

马克思在研究资本主义给世界带来的巨大变化时，提出了世界化和世界历史理论的著名命题。马克思恩格斯在《共产党宣言》中指出："资产阶级，由于开拓了世界市场，使一切国家的生产和消费都成为世界性的了。"[1] 肯定了资本主义在开拓世界性方面的历史贡献，提出"世界性"的重要概念。同时，马克思恩格斯在《共产党宣言》中分析了世界性的两重性：一方面，促进了世界性的生产和生活交往，使世界生产和消费发生巨大变化；另一方面，推动了资本主义世界性的掠夺、压迫和剥削，促进了世界性两极分化。一方面发展了资本主义生产、市场和消费方式；另一方面加剧了资本主义内在矛盾，产生了埋葬资本主义的物质力量和取代资本主义新的社会因素。1879—1882年，晚年的马克思通过对东方社会变革的研究，又提出了著名的世界历史理论，他指出，"资本主义大工业和市场经济首次开创了世界历史，消费了各国已自然形成的闭关自守状态，推动世界生产力的普遍发展和与此相互维系的世界交往。"[2] 世界已经连成一片，谁也离不开谁。马克思主义经典作家关于世界性和世界历史理论，已经预测到当今全球化发展趋势，全球化就是世界性和世界历史理论所指出的状况与趋势。现代资本主义高新技术产业、互联网、人工智能、现代金融业……使全球化进一

---

[1] 《马克思恩格斯选集》第1卷，人民出版社2012年版，第404页。
[2] 《马克思恩格斯选集》第1卷，人民出版社2012年版，第166页。

步突飞猛进地狂扫全世界，如今全球再没有哪一个角落不属于世界性的了。一方面，全球化促进了世界生产和生活方式的变革和发展；另一方面进一步激化了资本主义固有矛盾，加重了两极分化，使矛盾更加激化。

全球化说到底就是资本主义世界市场化。全球化具有两重性：一方面促进了社会生产力的发展，造成更广大和更深层的生产社会化；另一方面使资本财富更加集中在少数资本垄断寡头手里，加剧世界范围内资本主义基本矛盾的激化和两极分化。以中国为代表的社会主义国家与以美国为代表的垄断资本主义国家的矛盾激化，表现为中美全方位之争。垄断资本主义国家之间的矛盾也在激化，西欧诸国也好，日本也好，跟美国不全是一条心，德国总理默克尔最近的所作所为就是例证。垄断资本主义与新兴国家和发展中国家的矛盾也在激化，美俄的矛盾，欧俄的矛盾，美国和一系列发展中国家的矛盾难以调和。贸易保护主义、保守主义、种族主义甚至法西斯主义……各种反动的社会思潮沉渣泛起，国际斗争更为世界性，更为复杂化，更为尖锐、多变，我们将面对世界性的严峻挑战和考验。

第三，世界历史时代发生了重大的阶段性变化，资本主义历史时代进入了一个新的发展阶段。

马克思所讲的资本主义历史时代没有改变，但是发生了巨大变化，如果不算资本主义的孕育准备阶段，至今已经经过了两个发展阶段，进入第三个发展阶段。现在的资本主义同500年前、400年前、300年前、200年前、100年前都大不一样了。资本主义的第一个发展阶段是原始积累资本主义阶段，也就是资本主义的确立阶段。资本主义的第二个发展阶段是自由竞争资本主义阶段，这就是《资本论》产生的年代。第三个发展阶段是垄断资本主义阶段，垄断资本主义经过了私人垄断资本主义时期，是垄断资本主义发展的第一个时期，这就是列宁《帝国主义论》所分析的时期。国家垄断资本主义时期，是垄断资本主义发展的第二个时期，这就是"一战"至"二战"前后，直至冷战结束。今天已经发展到了国际金融垄断资本主义发展时期了，这也可以看作垄断资本主义发展的第三个发展时期。垄断从私人垄断，到国家垄断，现在发展到美国华尔街极少数金融寡头所控制的国际金融垄断资本利益集团的垄断。列宁在《帝国主义论》中指出："资本主义已经发展到这样的程度，商品生产虽然依旧'占统治地位'，依旧被看作全部经济的基础，但实际上已经被破坏了，大部分利润都被那些干金融勾当的'天才'拿去了。这种金融勾当和欺骗行为的基础是生产社会化，人类历尽艰辛所达到的生产社会化这一巨大进步，却造福于……投机者。"[①] 列宁在分析资本主义由自由竞争走向垄断时已经指出，垄断越发向高度集中的、极少数金融寡头的控制垄断发展，现在已经发展到国际金融垄断资本主义了。尽管垄断的方式、形式发生了极大变化，但垄断的、寄生或腐朽的、垂死的资本主义特性没有改变，只不过是更为垄断，更为寄生或腐朽，更濒临垂死。当然，概括为国际金融垄断主义，也有不同意见，可以讨论。国际金融垄断资本主义还是帝国主义，只不过是更残忍、更阴险、更狠毒、更狡猾、更腐朽、更反动、更垂死的帝国主义，有人称之为新帝国主义，是新型帝国主义。现在国际性金融垄断资本主义表现为美国一超独霸世界，支持它独霸世界的经济基础就是国际金融寡头垄断经济。今天的美国是靠"两美"撑"一美"。"一美"是美元，"一美"是美军，再"一美"是美霸，美元加美军支持美霸。现在美国国内连口罩生产

[①]《列宁全集》第 27 卷，人民出版社 1990 年版，第 342 页。

都满足不了需要，它的实业产业大量外移，主要靠金融服务业，这也是国际金融垄断资本主义越发食利化、寄生化、腐朽化的重要表现。美国靠美元的垄断，不断地印美元，不断地剪全世界的羊毛。特朗普所谓的"救市"举措，无非是让美联储多印票子，没有"任何上限的量化"，用金融语言来讲，就是不受任何限制地印发美元，大量地印票子，把金融风险转移到全世界。这叫作"美国消费，全世界买单；美国闯祸，全世界出钱"。印一批美元，剪一层羊毛，通过金融垄断，掠夺全世界的财富。美国通过大印美元掠夺世界财富，用其中相当部分扩军备战搞现代化军事，长期保持11个航母战斗群，谁不听美国指挥，就用军事手段打压谁。用"两美"来维持美国制度，维持美霸。可以说，美帝国主义是全世界的敌人，美帝国主义就是战争，就是掠夺，它不会放弃与世界人民为敌的。

第四，世界力量对比发生了根本变化，越来越有利于社会主义。

任何一种社会形态都经历由出生、兴盛、衰落到死亡阶段，资本主义也不例外，现在不可避免地进入衰落阶段，这是不以任何一个资产阶级政治家的意志为转移的。社会主义由新生儿的初生脆弱阶段，已经进入以中国特色社会主义成功为重要体现的发展上升阶段。当然，也不完全排除出现受挫的可能。力量对比的变化，使热爱社会主义的人们看到希望，看到未来。特别是2008年的世界性金融危机和今年暴发的疫情，加速了资本主义衰落的进度。以美国为代表的西方现代资本主义还没有完全从2008年世界性金融危机的阴影中走出来，又陷入了疫情带来的经济、政治、社会困境，天灾加人祸所造成美国之乱，使其固有的资本主义内在矛盾更加激化、更加白热化、更加尖锐化。美国之乱，西方之难，中国之治，中国特色社会主义之好，力量对比天平开始向社会主义一方倾斜。

第五，中美战略关系发生了根本变化，美国把中国作为主要战略对手的战略调整已经到位。

以苏联解体、东欧剧变为转折点，美国从把苏联作为主要战略对手逐步转移到把中国作为主要战略对手。经过苏东社会主义解体，至今30年的调整，美国的战略修补已经完成。冷战结束前，美国把苏联作为第一战略对手，集中主要精力打压苏联，妄图实现搞垮苏联的战略意图。这才使得当年我们有可能争取美国总统尼克松访华，利用中美苏国际三角关系，打"美国牌"，改善中美关系，为我争取和平发展的外部环境。20世纪80年代末90年代初苏联解体、东欧剧变，冷战结束，国际关系发生根本逆转，两超变一超，两霸变成一霸，两极变一极，反对单边主义，反对霸权主义，成为世界主流。两个超级大国变成一个超级大国，美国大肆推行霸权主义、单边主义。美国继续打压俄罗斯，最大限度地压缩俄罗斯的战略空间，现在已把俄罗斯完全压逼到了乌克兰第聂伯河以东、白俄罗斯一线，以美国为首的西方势力已经基本形成了对俄罗斯的战略合围之势。现在除了白俄罗斯与俄罗斯联盟，其他中东欧诸国都已经脱离了俄罗斯势力范围，俄罗斯已经丧失了中东欧的战略缓冲地带。从美国轰炸我驻南斯拉夫使馆，到南海撞机事件，到支持"台独""藏独""疆独""港独"等敌对和分裂势力……它一直在做战略重点转移。从奥巴马"亚太战略"到特朗普"印太战略"，现在已经完成了把中国作为主要战略对手的战略调整。因为发生"9·11"事件，美国需要在反恐问题上与我寻求暂时局部的合作，否则美对华战略转变可能会更快地完成。特朗普上台以来的一系列"反华"举动频频，特别是2020年7月22日美国宣布关闭我驻休斯敦总领馆，

7月23日美国国务卿蓬佩奥在具有世界影响的尼克松总统图书馆暨博物馆发表"共产主义中国和自由世界的未来"的"反华"演讲，已把美国视中国为主要战略对手、"亡我之心不死"的战略企图暴露得一览无余，真是"司马昭之心，路人皆知"。

第六，两种制度之斗从局部发展到全局越发激烈，以美为首的国内外敌对势力连成一气对我形成总体打压战略态势。

当前，社会主义与资本主义的矛盾在激化，集中表现在中美关系上。从根本上说，中美关系（这里所说的是社会主义中国与资本主义美国的两种不同制度国家的关系）不可能最终和解，只能是谈谈打打，打打谈谈，美国是捣乱、失败、再捣乱、再失败……美国把境内外"港独"、"台独"、"藏独"、"疆独"、民族分裂势力和宗教极端势力全部连在一起，把香港问题与台湾问题、南海问题、西藏问题、新疆问题、西南边疆问题搅在一起，把"反修例"与蔡英文选举连在一起，把反"香港国安法"与联手西方敌对势力、整合国内外"反华"力量连在一起，把政治战、经济战、文化战、军事战、科技战、意识形态战、民族宗教战协调起来，下连手棋，打组合拳、协调战，妄图实现对我全面西化、分化、私有化和资本主义化。7月16日美国司法部部长在密歇根州福特总统博物馆的"反华"演讲，把打压、围剿、颠覆、搞垮中国的美国最高战略意图暴露无遗，讲话内容并无新意，无非是特朗普上台以来美国"反华"战略的系统总结与梳理，但从中可以透视美国把中国作为主要战略对手加以打压的狼子野心。

三　疫情并没有改变国际时局的本质与趋势，但起到加速大变的历史"加速器"作用

世界历史进入资本主义历史时代，是一个漫长而曲折，充满血

与火的生死博弈的历史进程。在这个历史进程的资产阶级革命运动阶段，一方面贯穿了新兴资产阶级与封建统治阶级的殊死搏斗，另一方面又贯穿了资产阶级对农民阶级和无产阶级的剥削和压迫，贯穿了剥削阶级与被剥削阶级的压迫与反压迫、剥削与反剥削的斗争。也就是说，在资产阶级形成发展壮大的过程中，同时孕育了它的对立面，无产阶级的形成和壮大，贯穿着资本主义与社会主义两种意识形态、两种力量、两种社会因素的反复较量。资本主义社会和世界上一切事物一样，同人类社会以往历史时代一样，都有一个孕育、产生、确立、发展、兴盛、衰落，直至灭亡的历史过程。从世界近代以来的历史来看，资本主义经历了孕育、成长、发展的革命上升阶段，到了发展高峰期，开始下降，逐步走向它的反面，步入下降衰落阶段，直至走向灭亡。

一是资本主义的孕育形成阶段（14世纪到16世纪初期），也可以称作原始积累资本主义阶段。 在欧洲乃至全世界普遍处于封建制度统治的历史时代，资本主义在封建社会母体中经过了二三百年的孕育阶段，即走向资本主义的准备阶段、原始积累阶段。资本主义生产方式的孕育出生是在封建社会母体内不断生长，最后破壳而出的过程。14世纪到15世纪，欧洲已经开始零星而稀疏地出现了资本主义生产方式的萌芽，资本主义率先在欧洲开始萌发。原始积累、舆论铺路、宗教斗争是资产阶级革命准备阶段的"三板斧"。原始积累是资产阶级资本积累的最初方式，是建立资本主义经济基础的最野蛮的经济掠夺，是资本主义经济实力的准备，是资产阶级的经济斗争；"凡是要推翻一个政权，总要先造成舆论，总要先搞意识形态方面的工作。无论革命也好，反革命也好。"[①] 文艺复兴运

[①] 中共中央文献研究室编：《毛泽东年谱（1949—1976）》第5卷，中央文献出版社2013年版，第153页。

动是资产阶级的舆论准备，是资产阶级的意识形态斗争；宗教是资产阶级政治斗争的工具，宗教斗争是资产阶级政治斗争，欧洲宗教改革拉开了资产阶级革命的序幕。经过14世纪新生的资产阶级对农民阶级土地的剥夺、15世纪的"地理大发现"和殖民掠夺的原始积累，同时经过14世纪到15世纪资产阶级的文艺复兴运动和16世纪的宗教改革，到16世纪中期，荷兰爆发了第一次资产阶级革命，史称"尼德兰革命"，意味着欧洲资产阶级已经带着夺取政权的要求，走上了政治舞台，资产阶级革命迅猛到来。

二是资本主义的产生确立阶段（16世纪中期到19世纪末），也可以称作自由竞争资本主义阶段。人类历史上任何社会革命都经历了腥风血雨的反复争夺，没有一场社会革命是顺顺利利、一蹴而就的。1640年爆发了英国资产阶级革命，到1688年资产阶级政变成功，经过半个世纪的反复争夺，到17世纪末，资产阶级终于确立了资产阶级专政的统治。17世纪英国革命推翻了封建制度，确立了资本主义生产关系在英国的统治地位，为英国的18世纪工业革命提供了重要的政治前提。英国17世纪的资产阶级革命，是一种剥削制度代替另一种剥削制度的革命，是资本主义历史时代的开端，是人类社会由封建历史时代向资本主义历史时代转型的标志性历史事件。马克思把英国革命看作"欧洲的革命"，认为它"宣告了欧洲新社会的政治制度"，"意味着……资产阶级所有制对封建所有制的胜利"。[①]

从17世纪英国革命开始，经过18世纪英国工业革命，资本主义从手工工场阶段向大机器工业生产阶段过渡。到18世纪法国大革命，1848年欧洲革命，1861年俄国废除农奴制改革，欧洲大陆

[①]《马克思恩格斯选集》第1卷，人民出版社2012年版，第442页。

资本主义生产方式和政治制度占据了统治地位。继独立战争之后，美国19世纪60年代又爆发了美国历史上"第二次革命"南北战争，美国迅速推进了资产阶级民主革命。日本19世纪"明治维新"是不彻底的资产阶级革命，完成了从封建社会向资本主义社会的转变。1911年中国发生了辛亥革命，18世纪末到19世纪初拉美殖民地爆发了独立解放战争，19世纪中叶亚洲掀起了反对封建主义和殖民主义高潮，19世纪中叶以来非洲展开了反殖民主义斗争，资产阶级革命向全世界蔓延，资本主义生产方式和政治制度向全球进军。经过150多年的资产阶级革命，资本主义从欧洲扩展到全世界，确立了资本主义生产方式和政治制度在全世界的统治，资本主义完成了进入世界历史时代的历史使命。

三是资本主义发展最高阶段（19世纪、20世纪之交至20世纪末），也可以称作垄断资本主义阶段。19世纪三四十年代，西欧资产阶级在反封建斗争中获得了重大胜利。五六十年代北美资产阶级民族民主运动全面扫清了资本主义发展道路。俄国和日本经历了"农奴制改革"和"明治维新"以后，迅速走上了资本主义发展道路。资本主义生产方式在世界上的统治地位得以巩固，资本主义逐步发展直至进入了最高阶段。在19世纪最后30年，资本主义由自由竞争阶段开始向垄断阶段发展，到19世纪末20世纪初，资本主义进入了垄断阶段，即帝国主义阶段，已经发展到了它的最高阶段。经过第一次世界大战、第二次世界大战，资本主义呈现衰退，"二战"后，资本主义又呈现改革和相对缓和的发展。从以美苏为首的两大阵营对峙冷战，到20世纪八九十年代社会主义苏联解体、东欧剧变，社会主义步入低潮，当代资本主义进入了最高阶段的高速发展期。

列宁指出，"帝国主义作为资本主义的最高阶段，到一八九八——九一四年间先在欧美，然后在亚洲最终形成了美西战争。（一八九八年）英布战争，（一八〇九——一九〇二年）日俄战争，一九〇四——一九〇五年以及欧洲一九〇〇年的经济危机，这就是世界历史新时代的主要历史标志。"① 在这个阶段，一方面，资本主义有了更加迅速长足的发展，比19世纪资本主义的发展更为迅猛，科技创新带动了生产力的发展，资本主义大工业生产从"棉纺时代"依次进入了"钢铁时代""电器时代""信息时代""智能时代"，社会化大农业生产方式已经形成，国际贸易、资本输出、金融垄断有了极大发展，整个世界全部卷入资本主义体系的旋涡，进入了资本主义全球化阶段。另一方面资本主义基本矛盾越来越激化，越来越尖锐，"一战""二战"是资本主义基本矛盾白热化的最集中表现。

由于资本主义生产方式，从私人垄断、国家垄断到国际垄断，从工业资本垄断、商业资本垄断到金融资本垄断，资本主义私有制条件下生产资料和财富越来越集中到少数人和少数利益集团手中；高新技术发展和全球化带来更大规模的生产社会化与资本主义更加集中的私人占有的矛盾越发激化，表现为一系列危机与战争的爆发。经济危机10年左右一轮，愈演愈烈，规模越来越大，从没有间断过。"二战"后局部战争也从未间断，表现为无产阶级与资产阶级矛盾，社会主义与资本主义斗争越发激化。社会主义阵营20世纪八九十年代解体，社会主义跌入低谷，资本主义发展到了高峰，少数资本主义预言家的社会主义"终结论"和资本主义"千年王国论"就是其理论再现。

四是资本主义衰落阶段（21世纪初至今），也可以称作垄断资

---

① 《列宁选集》第2卷，人民出版社1972年版，第884页。

本主义阶段的国际金融垄断资本主义衰退时期。2008 年爆发的世界金融危机是人类进入 21 世纪的一件带有转折性的历史事变。以 2008 年爆发的美国次贷危机所引发的世界金融危机，乃至经济危机为转折点，当代资本主义不可避免地跨进下降衰退期，美国的衰落就是典型。

苏联解体，社会主义阵营不复存在，美国一超独霸，大打"单边主义""霸权主义"牌，意味着资本主义发展到了其生命的壮年高峰期。发展至高至极，恰恰是开始衰落走向反面的起始，资本主义发展高峰的到来就是资本主义衰落的开始。苏联解体以来，独霸全球、控制全世界财富的欲望推动美国接连发动了一些世界性的局部战争，消耗了它的力量，踏上了衰落下降的不归之路。不可一世的美国，从支持北约东扩，打压俄罗斯，到打着反恐旗号，接连发动海湾战争、南斯拉夫战争、阿富汗战争、伊拉克战争、利比亚战争、叙利亚战争……从美苏对立到美俄对仗、美朝对峙、美委对斗、美伊对打……美国虽然穷凶极恶，不可一世，但色厉内荏、力不从心。2008 年世界经济危机对美国是重拳一击，疫情暴发，更是雪上加霜，加速其衰落的进程。与此形成鲜明对照，中国特色社会主义成功战胜了 2008 年的世界危机，在抗疫斗争中取得了阶段性胜利，彰显了社会主义制度的优越性，意味着社会主义从低谷"驶出"，向上向前发展，高歌猛进。

如果从资本主义萌生孕育开始算起，迄今资本主义已经走过了六七百年的历史了，如果从它形成确立算起，也已经走过了四五百年的历史了。回顾资本主义，从其孕育、出生、确立、成长、发展直至从顶峰开始下降的历史进程，观潮起潮落，可以得出这样几个结论性的判断。

一是资本主义及其代表性阶级——资产阶级在上升期曾是进步

的、革命的。"资产阶级在历史上曾经起过非常革命的作用。"① 资本主义社会代替封建主义社会，是人类社会生产方式的一次伟大革命，是人类历史的伟大进步。资本主义在形成发展进程中，以极大的创造力和极迅猛的速度，创造了超过封建社会几千年才能创造出来的经济政治文明，创造了强大的社会生产力和巨大的物质财富、精神财富和制度财富，对人类社会做出了重大的历史性贡献。资本主义在全世界夺取生产方式的统治地位，夺取政治统治权的进程中，经过了前赴后继、曲折反复的革命过程，显示出资产阶级的历史进步性和革命性，显示出资本主义社会相比封建社会的制度优越。

二是资本主义及其统治阶级资产阶级步入衰落期，成为落后、反动的。当资产阶级建立并巩固了自己的政治经济统治，并作为统治阶级把资本主义经济政治制度推向了发展顶峰，主导了全世界时，也就开始了资本主义及其统治阶级资产阶级的下降衰落，资产阶级堕落为落后的、反动的阶级，这是资本主义社会作为剥削社会其不可克服的内在矛盾运动所决定的，也是资产阶级的剥削阶级本性所决定的，是改变不了的。

三是资本主义无论是在上升革命期还是在下降落后期，其剥削的本性都是一如既往不可改变的。马克思说："资本来到世间，从头到脚，每个毛孔滴着血和肮脏的东西。"② 在封建社会母体中，资本主义一产生就暴露出嗜血的本性。新兴的资产阶级是靠剥夺农民阶级，剥削工人阶级，靠强盗般的殖民掠夺、屠杀，而完成资本主义原始积累的，不论是在上升期还是下降期，其本性都是不可改变的。尤其进入了下降衰落期，寄生、腐朽和垂死性更加强了其残

---

① 《马克思恩格斯选集》第 1 卷，人民出版社 2012 年版，第 402 页。
② 《马克思恩格斯选集》第 1 卷，人民出版社 1995 年版，第 266 页。

酷、狡猾地压迫剥削世界人民的本性。当人民奋起反抗，建立新的社会制度时，它就会拼命地反对，甚至不惜血本，用战争和屠杀维持资本主义制度的存在，保障资产阶级政治稳固。

四是资本主义历史时代始终贯穿社会主义对资本主义，无产阶级对资产阶级的矛盾斗争。资本主义在其萌芽期就产生了社会主义思想和运动，资产阶级一出现就锻造了它的对立面和掘墓人无产阶级。"资产阶级不仅锻造了置自身于死地的武器，它还产生了将要运用这种武器的人——现代的工人，即无产者。"[1]当资产阶级处于革命期时，资本主义与封建主义、资产阶级与封建阶级是社会的主要矛盾，资产阶级与工人阶级、社会主义与资本主义的矛盾会暂时让位。当封建制度被消灭，资本主义社会替代了封建社会以后，无产阶级和资产阶级、社会主义与资本主义之间的矛盾就会上升为社会的主要矛盾。尽管如此，在资本主义从萌生、发展、衰落直至灭亡的整个历史进程中，始终贯穿着资产阶级和工人阶级两大社会力量，资本主义与社会主义两种社会制度的矛盾斗争，只不过经过了从非主要矛盾到主要矛盾的转化。历史越前进，社会主义越发展，无产阶级越强大，资本主义越下降，资产阶级越落后退步，这种斗争就越激烈，这是不以人们的意志为转移的。

综上所述，只是运用历史唯物主义的立场、观点和方法，把历史事实的大逻辑、大趋势、大变化抽取梳理出来，清晰地呈现出一条历史发展的必然逻辑，体现了历史的必然性。所谓历史必然性，就是说历史只能按照如此的逻辑发展，不以任何人的主观意志为转移。

马克思主义辩证法告诉我们，必然性和偶然性是反映事物发展

---

[1]《马克思恩格斯选集》第1卷，人民出版社2012年版，第406页。

过程中确定性和非确定性关系的一对范畴。必然性是事物发展过程中不可避免的，一定要如此的规律和趋势，这种确定不移性由事物内部的根本矛盾所决定。人们是不能通过自己的感官直接感受到必然性的，必然性是隐藏在事物表象内部的必然逻辑，是必然存在的、起决定性作用的，但不是活生生的具体东西，人们只能通过对表象的、活生生的东西进行抽象，通过理性才能认识到。偶然性是事物发展过程中不确定的因素和联系，可能出现，也可能不出现，可能此时出现，也可能彼时出现，可能这样出现，也可能那样出现。它虽然最终由事物内部矛盾所决定，但怎样出现是由外部条件和外部联系所直接决定的。它是活生生的、具体的，是人的感官所直接感受到的，比如糖是甜的，人通过味觉是可以感受到的，但为什么是甜的，则需要通过理性的抽象才能认识到。必然性与偶然性是事物发展过程中不可分割的两个方面，互为前提，辩证统一。必然性不直接表现出来，它寓于偶然性之中，必然性是通过无数的偶然性表现出来的，偶然性背后总是隐藏着必然性，最终受必然性的约束和支配，是必然性的表现和补充。这就好比一个人总归是要死亡的，但什么时候死，是早死还是晚死，是病死还是老死，是正常死还是非正常死，受各种复杂的外部不可确定的因素影响，某个人的具体死法死期是偶然的，但人总是要死的，这又是必然的。社会形态也是如此，总有一个形成、发展、灭亡的过程，但何时形成，何时发展，何时灭亡，又受不同国家、地区、民族及其各种复杂的外部因素和关系所影响，有哪些历史人物登上历史舞台，哪些历史事件发生，甚至成为历史变数导火索，又是偶然的，不确定的，是由各种外部条件和外部联系所造成的。譬如，墨西哥玛雅文明是非常灿烂、伟大的，但考古考证，它莫名其妙地中断了，无影无踪了，到底为什么突然消失了呢？人们还没有找到原因，看来其灭亡是由某种偶然原因决定的，当然，玛雅文化所代表的社会形态随着历史的发展，肯定是要灭亡的，然而它为什么突然灭亡了，是有具体偶然原因的。

历史的必然性总是通过偶然性体现出来的，历史必然性的外部偶然表现是大量的、不确定性的、偶发性的历史人物与历史事件。上文所梳理的资本主义发展线索，只是运用理性的抽象把偶然性的人物和事件过滤去、屏蔽去，只留下干巴巴的历史必然规律。历史唯物主义是对历史发展一般规律、一般逻辑、一般趋势的抽象理论概括。资本主义的发展历史总是由一个个活生生的人物活动、事件变故而构成的，每一个历史人物、每一个历史事件、每一项历史变故都具有一定的偶发性、不确定性，或者是这样，或者是那样。比如，美国如果没有特朗普，也会有其他人跳出来。总之，每一个历史人物、每一个历史事件、每一项历史变数背后总是隐藏着必然规律，这就好比木偶剧舞台上的木偶是受背后力量所支配的一样。

前文关于资本主义历史时代的四个发展阶段，四个必然逻辑的概括，是对资本主义历史规律必然性的理论抽象，这种抽象已经把活生生的历史变得干巴巴的、抽象的，却又体现了不可抗拒的历史发展规律，然而资本主义的历史发展又是活生生的、惊心动魄的甚至是戏剧性的，充斥了偶发性和不确定性。

从资本主义发展线索来看，17世纪英国资产阶级革命与妥协反反复复的50年，18世纪法国资产阶级大革命的复辟与反复辟的拉锯战，1848年欧洲大陆资产阶级革命和封建阶级的拼死抵抗，俄、日、美19世纪的资本主义变革与反变革，第一次世界大战和第二次世界大战，美苏冷战争霸、苏联解体、美国独霸世界的复杂争斗，等等，多少历史人物，在历史舞台上拼命地表演，无数英雄豪杰上演了一出又一出人间活剧，发生了多少惊心动魄的历史事变……

从社会主义发展线索来看，圣西门、傅立叶、欧文的三大空想主义的风生水起和无产阶级的早期自发运动，到马克思恩格斯的《共产党宣言》和科学社会主义的诞生，风起云涌的19世纪欧洲三大工人运动、巴黎公社起义和国际共产主义运动，十月社会主义革命和苏维埃政权的建立，中国革命和东方殖民地半殖民地人民民主解放和民族独立运动，社会主义阵营出现和东西方对垒冷战，社会主义阵营解体，中华人民共和国成立到中国特色社会主义成功，又有多少历史人物和历史事件在世界舞台上展现。

资本主义和社会主义两大历史线索的演进，展示了一幅新事物与旧事物，进步与落后，革命与反革命的拼搏历史画卷，如果过滤去历史演义中具体的事件和人物，可以看出，这段历史进程是遵循着人类社会内部的必然发展规律而演变发展，**展现了资本主义从新生走向衰落，从革命走向反动的进程，展现了社会主义从弱小走向逐步发展，不断斗争、失败、再斗争的历史进程**。总而言之，无数的历史偶然性背后总有一个必然的规律在起作用。任何历史人物，历史事件都无法违背这个规律，都受该规律的支配和制约，都是该规律的具体表现。

从苏联解体，社会主义落入低谷，美国独霸世界，资本主义发展到高峰，福山提出社会主义"终结论"的历史结论至今，世界发生了三大历史事件，在整个历史发展必然线索中起到了转折点的历史催化剂作用：一是苏东蜕变，社会主义阵营不复存在；二是2008年的美国金融危机，演变成世界金融危机乃至资本主义制度危机；三是新冠肺炎疫情。这三个大事件，都与人类社会发展的总矛盾、总规律、总趋势、资本主义社会发展的基本矛盾相联系相纠结，与社会主义与资本主义的历史斗争主线相互影响。疫情本身是自然灾害，属天灾，但在什么制度下发生的，什么利益集团、什么人物去看待处置它，又是人的问题、社会问题，处理不妥，引发天灾加重，就变成人祸。疫情本身没有制度之分、意识形态之争，但疫情的对待和处置，又与人、与社会制度和治理体系相联系，受人类社会总矛盾、总规律、总趋势支配制约，今日之时局是由社会主义与资本主义两大社会阶级力量、两种社会制度、两大历史命运所决定的。疫情是影响历史总趋势的重要因素，为不同社会制度和不同国家执政者提供了表现的历史条件和机遇，抗击疫情因不同的社会制度，不同的国家执政者而呈现截然不同的表现。如何对待疫情，体现出认识处理疫情的不同态度和举措，体现了不同的制度，不同的世界观、价值观和生命观。

四　两种制度两样成效，社会主义制度是战胜疫情的正道

人类历史上每每发生重大疫情，作为一种突发性的自然灾害，对人类社会造成了巨大伤害，可能会对人类历史进程造成某些制约和影响，但它并不是改变人类历史进程唯一的或决定性的因素，并不能根本改变人类历史进程。

据学者不完全统计：公元 2 世纪左右暴发的"安东尼瘟疫"对罗马帝国造成重大伤害；流行于公元 6 世纪的鼠疫，在 14 世纪发生了第二次大流行，19 世纪末发生了第三次大流行，20 世纪初达到了高峰，波及 60 多个国家，死亡逾千万人；14 世纪欧洲暴发的黑死病造成欧洲大批人口死亡；1580 年流感大流行，一夜之间罗马死亡 9000 人，马德里变为一座空城，意大利、西班牙增加了几十万座新坟，当时人们把这种流感称作"闪电般的瘟神"；1658 年意

大利威尼斯城流感导致 6 万人死亡，惊慌的人们认为这是来自上帝的惩罚，称疫病为"魔鬼"；1837 年欧洲暴发的大流感，在柏林造成的死亡人数超过出生人数；1889 年到 1894 年流感席卷西欧，死亡率极高；天花、结核病、口蹄疫等疫病时有发生，严重危害人的生命；1918 年至 1920 年，从西班牙开始爆发的流感波及全球，死亡人数逾千万；1957 年到 1958 年亚洲流感 200 万人遭遇厄运；1968 年在香港首次爆发的流感导致全球近百万人死亡；1976 年美国暴发猪流感；1977 年到 1978 年苏联暴发流感；1997 年暴发禽流感，至 2003 年全球有 400 多例禽流感病例；2003 年发生 SARS 疫情；2009 年墨西哥出现猪流感病毒；2009H1N1 流感，造成 163 万人感染，28 万人死亡；2010 年海地北部地区爆发霍乱延续至今，截至 2017 年，死亡人数达 9985 人；2013 年埃博拉病毒袭击西非大陆导致 11300 人死亡；2015 年印度猪流感暴发，死亡人数超过 2000 人；20 世纪 80 年代在美国被发现的艾滋病在全球流行，至今全球数千万人感染……全球暴发的大规模疫情严重危及人类的生命和财产安全，严重影响社会经济政治生活，人类社会付出了沉重的代价。

经过历史学家的考证研究，还没有发现因疫情彻底改变人类社会历史进程的例证。严重的疫情可能会给一个民族、一个地区、一个国家、一个社会带来毁灭性打击，甚至使一个民族毁灭、国家政权更迭，但疫情只会对人类历史总进程起到某种影响，也可能是重大的影响，但并不能中断历史总进程，造成社会形态演变总规律的改变。个别历史学家认为，公元 2 世纪左右的"安东尼瘟疫"对罗马帝国的政治文化产生重大影响，14 世纪欧洲爆发的黑死病影响了文艺复兴运动的进展。近代以来，特别是进入资本主义历史时代，历史上多次发生疫情，但并没对资本主义历史进程产生根本扭转的影响。随着现代医学科学和医疗技术的推进，人类战胜疫情的能力越来越强，人类和人类社会受疫情自然影响作用相对越来越小，疫情对社会历史进程的影响作用也比以往逐渐缩小。不能做出疫情起到根本改变人类历史进程，改变人类历史发展必然规律作用的判断。因为社会发生重大历史变故，必定还涉及其他诸多因素，比如经济、政治、文化和宗教，等等。

在古代，由于科学不发达，人们对疫情缺乏科学的认识，或者是从宗教角度来认知，把疫情看作不可抗拒的自然威力，或者是从人性善恶的角度来解释，认为疫情是由于人的"邪恶"和"罪恶"所造成的，是对人的惩罚。当然值得我们认同的是对待疫情的现实主义和乐观主义态度和做法，主张积极抗击疫情。疫情虽然对人类社会造成无法比拟的危害，但也使人类获得对疫情的新认知，不断发现对付疫情的新办法和新药，人类的生命观、价值观、世界观也会随着疫情的变化和抗疫的深入而发生变化。与疫情抗争，逐渐教会人们如何与自然界和平相处，启发人类探究疫情原因，催生新型的医学学科，比如病毒学、细菌学、流行病学……建立和健全维护生命和维护健康的新的机制。疫情在人类历史上起什么作用，也越来越受到史学家、社会学家和人类学家的关注，拓展了哲学社会科学多学科的研究领域。

新冠肺炎疫情，跨海越洋，波及全球，蔓延肆虐全世界，给全人类带来了巨大的伤害。各国人民生命受到严重摧残，世界人民财富蒙受惨重损失。世界经济陷入全面衰退，国际合作遭到强劲反弹，单边霸权越发疯狂，全球秩序被肆意践踏。世界上不论何种制度的国家，都不同程度地面临疫情所带来的特级风险，"疫情"是大自然对人类的报复，病毒本身是无情的。"天若有情天亦老，人间正道是沧桑"，病毒不分制度、不分国别、不分地区、不分民族、不分种族、不分肤色、不分阶级、不分阶层，谁不防范、不治疗，谁就受伤害。**但如何对待疫情，抗疫效果如何？是对当今时代两种不同社会制度，不同执政者及其意识形态和价值观优劣，不同社会制度下治理体系和治理能力高低的检验。只有社会主义制度才是战胜疫情的正道。**

资本主义制度在疫情面前交了一份十分糟糕的不合格答卷。资本主义国家越是资本高度垄断，越是富有发达，抗疫行为越是不尽如人意，糟糕透顶。西方主要资本主义国家抗疫的成绩单差之又差。美国可以说是当今世界最富有、实力最强、科技最先进、医疗资源最完备的资本主义超级大国，但感染人数全世界第一。至今（2021年10月6日）统计确诊235673032人，死亡4814651人，据权威媒体通报，截至2021年10月7日，全美累计确诊44918565人，累计死亡727710人，一个经济总量世界第一，在全球拥有1000多个军事基地的超级大国，居然抗疫成绩如此糟糕透顶，让世界震惊和深思。

美国人民正生活在天灾人祸同时横行的"水深火热"之中。"屋漏偏逢连阴雨"，疫情纯属天灾，但遇上人祸，祸不单行，美国更是人祸尽出，与天灾并行不悖。"苛政猛于虎也"，反对美国白人警察跪杀黑人弗洛伊德的抗暴斗争，在美国50个州和一些西方国家燃起熊熊烈火，美国出动大批军队和警察，动用催泪弹、辣椒水、棍棒等各种抗暴器械，甚至实弹，运用逮捕、关押、判刑等手段进行威吓、阻挠和镇压。天灾人祸致使美国经济更是持续下滑，雪上加霜，失业率居高不下，两极分化越加严重。相关数据显示，美国最富有的0.1%家庭财富相当于最底层90%家庭的财富总和。然而正当国难临头，美国两党政客却为了私利大打出手，无所不用其极。为了选票和利润，为了股票和钞票，不顾人民死活，执意举行大型竞选活动，强行复工复产，不把精力放在抗疫上，而是绞尽脑汁击打对手，抹黑对手，相互攻讦，"甩锅"他人，各自为政，转嫁祸水。美国总统特朗普更是独往独来，恣意妄为，不抗疫不救灾，"甩锅"中国，"甩锅"对手，转移视线，在全世界到处出手嫁祸于人，甚至不惜退出世卫组织，想整谁就整谁。为了躲避美国民众的抗暴风潮，特朗普数次躲进美国白宫地下掩体，这在美国历史上极为罕见。

以美国为首的西方各国统治阶级对待疫情的表现，既暴露了制度上的弊端，又显现出治理体系和治理能力的问题。有的实行所谓"群体免疫"，不防不治，任由疫情随意蔓延；有的对65岁以上的老人不予治疗，任其死亡；有的对穷人、黑人等有色人种实行区别对待……西方发达资本主义国家，医疗资源强大健全，但是私人的大医院被掌握在资本家手里，收费很高，拒穷人于门外，防疫物资奇缺，就连医务人员的防疫设备都保证不了，病死率极高，出现"冷藏车拉尸体""挖大坑埋死人"的悲惨局面。另外，在资本主义私有制社会，极端个人主义价值观、极端民主化、自由化思潮泛滥，民众中毒甚深，人们受生计所迫，为个人主义价值观所支配，追求个人极端利益，只为自己打算，不关心社会和他人，社会一盘散沙，把居家隔离戴口罩说成"限制自由""缺乏民主"，大闹与疫情防控要求相反的自由行动，致使感染人数和死亡人数不断飙升，截至2021年10月8日，全球（中国以外）累计确诊人数237387439人，累计死亡4842851人，数字仍不断飙升，不少西方国家屡创新高。

社会主义制度在疫情面前却交了一份让人民满意的优秀答卷。与资本主义国家形成鲜明对比的是社会主义国家中国、朝鲜、越南、古巴和老挝。以中国为例，曾几何时，首先在五省通衢的武汉出现，继而引爆湖北，又波及全国的疫情，迅猛异常，危害中华。然而中国共产党领导人民面对突如其来的病毒，迅速地镇静下来，扎稳阵脚，众志成城，全力以赴，动员一切力量迎战疫情。仅仅数月就有效控制住疫情的蔓延，取得了战胜疫情的阶段性成绩。至今除了境外输入病例，中国大多数省市病例为零，即便个别省市出现了疫情反弹，如黑龙江、吉林、北京、辽宁、新疆、山东、天津、上海等，但很快就控制住了疫情。中国现在成为世界上最安全的唯一大国。在困境中，中国经济二季度转正，同比增长3.2%，环比增长11.5%，与2020年第一季度GDP同比增长-6.8%，环比增长-9.8%形成鲜明对比，中国经济"耀眼复苏"。**中国抗疫阶段性成绩彰显了社会主义制度的优越性。**

社会主义制度的国家虽然不是富裕国家，都是发展中国家，甚至有些国家还很贫穷，以及有的国家虽然实行了与世界资本主义市场经济体系相接轨的改革开放政策，但靠社会主义制度和执政党领导的优势和几十年来所积累的物质基础，面对疫情大考，纷纷交出了优良答卷。朝鲜最近虽出现首个输入疑似病例，但仍做到了零感染，越南、古巴、老挝等疫情防控的措施与效果也明显好于西欧一些老牌发达国家。

为什么世界人口众多，抗疫难度最大的中国及其他社会主义制度国家，能够取得如此的抗疫成绩单呢？

一是都以人民为中心，把人民生命安全放在第一位。不论老少，从初生婴儿到百岁老人、从重症患者到濒危病人，概不放弃，不惜动员一切医疗资源用于防范疫情，全力挽救人民生命。中国在疫情最关键时刻实行全部病毒感染患者免费治疗，动员一切医疗资源"应收尽收、应查尽查、应治尽治"，不计成本保人民生命安全。朝鲜、古巴，更是实行了全部免费治疗。

二是发挥社会主义优势，全国一盘棋，集中一切人力、财力、物力投入疫情。在中国武汉疫情最紧张的时候，党中央一声令下，4万多名医疗人员奔赴武汉，一方有难，八方支援。其他社会主义国家也是在党和政府的坚强领导下，最大限度地发挥制度优势，战胜疫情。

三是坚强有力的执政党的集中领导。社会主义国家党和政府集中力量站在抗疫第一线，领导人民夺取抗疫斗争的一波又一波胜利。

四是实现了空前的团结，人民守纪律和讲贡献。在党和政府领导下，社会主义国家全党全民共同行动，战胜疫情。

党的坚强领导，意识形态、价值观的强大，人民的高度团结和听从指挥、服从纪律，社会主义集中办大事优势……所有这一切都深刻体现了社会主义制度的强大生命力和优越性。

这场疫情对世界格局产生重大影响，使全世界亿万人民的生命与财产处在危险之中，谁来挽救人民的生命和财产，谁来拯救世界？大难当前，出路在哪里？面对两种不同制度、不同意识形态和价值观，面对两种不同执政党的领导，孰优孰劣，全世界人民都在观察、都在思考，方向在哪里？希望在哪里？世卫组织总干事谭德塞在演讲中一语中的："在一个分裂的世界里，我们无法战胜这种流行病。"从社会主义制度和资本主义制度两种制度对待疫情的态度、处置措施和效果来看，可以说两个社会两重天，不同制度不同结果，挽救世界，拯救人类，唯一的出路是靠社会主义，靠马克思主义武装起来的人民政党，靠人民自觉自愿。

全世界抗疫斗争的现实，再次暴露出资本主义腐朽没落的社会制度越发走向下坡，弊病百出，千疮百孔。资本主义统治者们关心的是他们的钞票、股票和选票，既不真心地保护人民的生命安全，也不全意地组织对疫情实现有效阻击。人民已然看到在资本主义制度下无法继续很好地生存下去，新的社会制度代替旧的社会制度是历史的必然。而要改变这误人害人的资本主义制度，仅有客观形势需要，人民意愿和变革要求还不够，还需要人民普遍觉醒、奋起斗争。正像《国际歌》所倡导的："从来就没有什么救世主，也不靠神仙皇帝，要创造人类的幸福，全靠我们自己。"

人类历史近代以来百年大变局就呈现在我们面前，世界必将发生翻天覆地的变化。中国人民在抗击疫情斗争中，深深体会到社会主义制度的优越性，中国共产党的英明正确。抗疫斗争既是和病毒做斗争，更根本的是与落后的社会制度做斗争。曾几何时，当苏东垮台，社会主义阵营解体时，美国学者福山高调提出社会主义及其意识形态"终结论"，从那时到2008年爆发金融危机，再到这次疫情暴发，充分彰显了社会主义凭着制度优越性正在冉冉上升。中国人民从这场抗疫斗争中深刻体会到，社会主义制度好，中国共产党好，坚持中国特色社会主义制度，是中国人民的唯一希望，唯一选择和唯一出路，更加坚定理论自信、道路自信、制度自信和文化自信，坚决拥护中国共产党的领导，坚持完善社会主义制度，发挥社会主义制度力量，迎接资本主义制度的拼死挑战，不断提高党的执政能力，完善社会主义国家治理体系，提高治理能力。

疫情给百年未有之大变局增添了极大的不确定性，使国际时局充满了变数。疫情是时局大变的"加油机""加速器"，使大变加快、力度加大、变数益增，从宏观的、大局的、长远的、根本的战略角度来观察，疫情给国际时局带来怎样的重大影响？使国际格局发生了怎样的变化？应当怎样认识和应对？

第一，世界出现21世纪以来最严重的经济大萧条，人类社会面临最重大的困难和挑战。

全球失业率可能高达30%，经济可能萎缩20%。日本《选择》

月刊2020年4月号刊登文章称,"由于新冠肺炎疫情在全世界蔓延,世界经济陷入程度远超2008年世界金融危机的新冠肺炎恐慌"。疫情全球化蔓延与经济下滑叠加,造成油价2020年一季度崩盘,引发油价暴跌和俄美沙特石油大战,加剧了世界经济政治紧张局势。2020年3月以来,美国疫情恶化,再加之国内暴乱,进一步压迫资产泡沫破灭,半月之内,美国股市连续出现4次熔断,创下美国历史最糟糕纪录。美联储大幅降息,并注资上万亿美元,仍无济于事。美国经济学家肯尼斯·罗格夫认为,美国将"陷入极度衰退"。国际货币基金组织(IMF)警告,疫情使世界贸易经历自20世纪30年代以来最剧烈的崩溃,将世界拖入"大萧条"以来最严重的衰退。

第二,世界资本主义整体实力不可遏制地全面加快下滑,美国垄断资本主义的霸主实力显见减退。

疫情使中美两国实力的天平更向中国倾斜,使中国超越美国的速度加快。受疫情影响,美国2020年第二季度国内生产总值(GDP)按年率计算下滑32.9%,创20世纪40年代以来最大降幅,经济"跌入黑洞",美国衰落将是当今世界的一个最重要的特征。

第三,世界力量对比变化益愈朝着有利于人民的方向发展,世界出现新一轮的大调整、大改组、大重构的国际新格局。

据世界银行2021年9月数据统计,2020年中国经济同比增长2.3%,是全球主要经济体中唯一实现增长的国家,美国经济全球占比虽仍居世界第一,但受疫情冲击,也出现了下滑。美国所占经济分量的下滑,必然导致其影响力、控制力的下降,美国正在渐渐丧失独霸世界的实力和能力,美国"独大"的单极格局正在走向结束,当然这个过程也许不会太短暂。反对单边主义、霸凌主义、逆全球化主义的重构国际新秩序的潮流更为不可阻挡。美国与西方发达资本主义世界四分五裂。中国实力变强，俄罗斯逐渐站稳脚跟，中俄美新的"大三角"形成，构成疫情后世界格局的重大特征。新冠疫情、国内失业及暴乱、两极分化使美国和西方诸国民众对资本主义越发失望，社会主义思想受到越来越多人的欢迎。美国最大的社会主义组织——民主社会主义者组织，疫情以来两个月，增加了15%的成员。

第四，资本主义和社会主义两种制度的斗争更加激烈，美国把中国当做主要战略对手全面遏制打压力度加大、频率加快。

进入21世纪以来，美国小布什政府即把我定性为头号战略竞争对手，奥巴马政府对华防范遏制图谋日渐彰显，特朗普打着"美国优先"旗号疯狂地加大对我打击。疫情以来，美国联合西方资本主义国家对我动作频频，大打科技战，全面"封杀"华为，"围猎"Tik Tok。2020年5月20日白宫发布了《美国对中华人民共和国战略方针》，剑指中国。美国出台了涉疆涉藏法案。美国总统特朗普还签署了旨在对我香港"国安法"的采取压制性惩罚法案，签署了取消香港优惠待遇的行政命令，制裁中方人员。美支持"台独"，对台军售，出台涉台法案。美舰多次闯入我南海海域进行所谓"自由航行"，双航母群屡进南海炫耀武力，不断实施高强度海空侦察，侵犯我主权，寻衅挑战。特朗普7月14日公开表态称对中美下阶段贸易谈判"没兴趣"，关闭与中国第二阶段贸易谈判大门。美日澳南海军演企图遏制中国。美国7月21日要求三天之内关闭中国驻休斯顿总领事馆。8月9日美国卫生部长"访台"，悍然宣告台为主权国家。美国对华打压持续升级。

第五，中国特色社会主义面临极大的压力，同时又遇到新的战略机遇。

压力、困难、挑战，同时就是机遇，必须抓住新的战略机遇，乘胜而上。敌对势力与我的遏制与反遏制、颠覆与反颠覆、渗透与反渗透、演变与反演变的斗争，是影响世界、影响我国的最大变数。要高度重视中美战略斗争的长期性、全面性、严峻性和复杂性，做好中美战略对抗升级和应对爆发局部战争风险的充分准备。既要争取合作的可能，又要为战争做好一切准备，准备越充足，合作的可能性越大。做好"开展具有新的历史特点的伟大斗争"的思想上、理论上、政治上、经济上、军事上和实际上的一切准备。

我们一定要团结在以习近平同志为核心的党中央周围，做好充分的思想准备，认清时局，沉着应对，丢掉幻想，准备斗争，迎接更大的挑战，争取更大的胜利。

（王伟光系第十三届全国政协常委、民族和宗教委员会主任，中国社会科学院大学教授，南开大学终身教授）

对疫情背景下国际形势变化的几点思考

吴恩远

一 疫情与国际时局的关系

（一）疫情与世界经济

新冠肺炎疫情是百年来最严重的传染性疾病疫情之一，此次疫情在3个月时间里波及全球210多个国家和地区，影响了将近70亿人口。

此次疫情是冷战结束以来最严重的突发性全球危机，对世界经济的冲击超过2008年国际金融危机，影响全球经济发展与安全态势，将加速国际关系和国际秩序演变。

新冠肺炎疫情冲击了人类健康、经济增长、社会发展、国家安全和国际关系等方方面面，是一场综合性挑战。疫情显然将给世界带来很多重大改变，世界格局、国际形势更趋复杂。

（二）疫情导致一些国家民粹主义，甚至法西斯主义情绪上涨

1933年危机逐渐结束。此后，资本主义世界又出现了五年左右的持续萧条。这次经济大危机还加速了法西斯主义在德国、日本和意大利的发展，使这些国家走上了对内强化军事统制、对外大肆侵略扩张的军国主义道路。

美国和一些西方国家企图把疫情后果转嫁中国,一方面转移本身治疫不力的民众不满情绪,另一方面确实想重复当年八国联军庚子赔款压榨中国的老路。

(三) 各种国家、各种制度在疫情中经受检验,导致世界局势发展变化

西方制度充分显示其腐朽、没落的本质:

(1) 在这次疫情中,非裔或黑人群体,实际上就是穷人群体的遭遇使美国政府的人权人性的虚伪暴露无疑,这表明在美国社会根本无公平平等可言。美国、英国、法国等国家社会矛盾尖锐、族际分裂、穷途末路。

(2) **美国社会的道德价值观沦丧**。从疫情一开始,就不断有人提出:牺牲经济保大众健康不划算,可以牺牲祖父母辈挽救美国的未来,等等。更直接的,就是一大批因新冠而死的老年人,是死在了养护机构和家里。

(3) 总统及其幕僚在疫情问题上撒谎成性,制度的堕落。

在疫情中显示出中国模式的影响力和吸引:

(1) 坚持中国共产党的集中统一领导的优势

正如习近平指出:抗疫斗争伟大实践再次证明,中国共产党所具有的无比坚强的领导力,是风雨来袭时中国人民最可靠的主心骨。中国共产党来自人民、植根人民,始终坚持一切为了人民、一切依靠人民,得到了最广大人民衷心拥护和坚定支持,这是中国共产党领导力和执政力的广大而深厚的基础。

(2) 中国特色社会主义制度的优势

中国特色社会主义制度所具有的显著优势,是抵御风险挑战、提高国家治理效能的根本保证。

（3）坚持以人民健康为中心的宗旨

习近平：我们坚持人民至上、生命至上，以坚定果敢的勇气和坚忍不拔的决心，同时间赛跑、与病魔较量，迅速打响疫情防控的人民战争、总体战、阻击战。"为了保护人民生命安全，我们什么都可以豁得出来！"

（4）坚持人类命运共同体的理念

新冠肺炎疫情以一种特殊形式告诫世人，人类是荣辱与共的命运共同体，重大危机面前没有任何一个国家可以独善其身，团结合作才是人间正道。任何自私自利、嫁祸他人、颠倒是非、混淆黑白的做法，不仅会对本国和本国人民造成伤害，而且会给世界各国人民带来伤害。

二 疫情下的中美关系

（一）在疫情背景下相当长时期国际局势的一个特点

中美之间处于共处、对抗的关系；同时由于美国在西方的影响和既存的北约等联系，以美国为首的西方对中国围攻、打压的形势会长期存在。

（1）不要幻想美国会改变"以中国为主要战略竞争对手"的方针；不要以为美国政府偶尔说两句好听的话，或者某个政策的改变就会放弃扼制中国、以中国为敌的方针，就迫不及待跟着它的步子走，围着它的指挥棒转。即便是"后特朗普时代"（指2020年年底美国大选后特朗普落选）美国政府也不会改变"视中国为主要战略竞争对手"方针，当然斗争手段或许不会像特朗普时代剑拔弩张。

（2）也不要以为中国做出一些政策让步就可以换取美国改变对华政策。美国特朗普政府的实质已经暴露无遗："美国优先"，就是你必须无条件服从我;"美国再次伟大",就是绝对不容许你超越我。

(3)国内一些人认为:"中美关系的恶化在于中国有人鼓吹采取敌视美国的'战狼'政策。"他们或许不知道当年俄罗斯全盘倒向西方政策实际上是"热脸贴上冷屁股",照样招致美国对俄的全面打压。既然"进亦忧、退亦忧",我何必非得低三下四顺从美国?

坚决回击美国对我的挑衅有几方面的好作用:第一,理论的统一。我们对内讲"坚持马克思主义",也加强了意识形态领域对反马克思主义的各种思潮,包括与资本主义思潮的斗争;国际上和资本主义国家必然也存在斗争,特别是在他们主动挑衅我之时。如果只强调和资本主义国家"共处、共赢"这一方面,坚持马克思主义的理论就不完整。第二,每当外敌疯狂打压我国时,可以激起全民的爱国热情高涨,有助于加强中国共产党的领导地位。

(二)对美斗争的方式

(1)及时的对等回击。我们不能老是用几个发言人来反驳美国总统、国务卿对我直接的攻击。不在一个级别上的对话,回击分量就显得不够;同时民众也不能及时全面了解中国领导人的方针。

(2)必须及时回击和反制美国对我各项制裁措施,"来而不往非礼也";公开了的反制措施必须尽快兑现,"言必信,行必果"。

(3)不能老是围绕美国指挥棒转,必要时也要主动出击其痛点。

当然与美斗争的手段应当把握有张有弛,有紧有松,不是一味把弦绷得太紧。

(三)"北联俄、西抗美":唱好新形势下的新"三国演义"

毛主席曾说过:中国有部历史小说叫《三国演义》,我们在《三国演义》中不仅要看它的战争,而且要看它的外交。

《三国演义》的外交，就是诸葛亮在出山之前预测的天下大势：蜀国很弱，必须东和孙权，北拒曹操。东边和孙权加强联合，北边才能够对抗曹操，形成"三足鼎立"，这就是当时的局势。后来刘备破坏和东吴的联盟，招致灭国之痛。

中、俄、美三家仍然是对改善当前国际疫情形势具有较大影响力的大国。中俄之间由于去掉了历史包袱，加上国际战略观点的一致，处于关系最好历史时期；而中、俄和美国之间各自都具有不可克服的矛盾。在这种形势下我们应当采取"北联俄，西抗美，维持战略均衡"的方针。

（四）要扩大自己的盟友，建立不同层次的统一战线对抗以美国为首的西方阵营

（1）首先是扩大和参加"一带一路"合作的国家的联系，争取订立在我面临特殊情况时能够获得他们实质性支持的合作条约。

（2）分化美国的西方盟友，和德国、法国等国建立不同层次、不同方式的合作形式，最好能够和这些国家订立在军事上"互不干涉"之类条约。

（3）尽快和尽可能解决涉我敏感问题（台湾、香港问题，和某些国家的边界争端问题等），防止美国利用这些问题遏制我国。

当前在意识形态领域要加强共产主义理想和爱国主义教育，发扬和光大习近平主席强调的中华民族"贫贱不能移、威武不能屈"的传统美德，坚决打击背叛国家和民族利益的投降主义思潮，特别是要将此类人从公务员、教师、科研人员、军队系统、外交战线中清除出去。只有国内巩固的团结才能一致对外，才有利于维护以习近平同志为核心的党中央的威信。

（吴恩远系中国社会科学院俄罗斯东欧中亚研究所研究员）

新冠肺炎疫情与拉美时局

徐世澄

一 拉美已成为新冠肺炎疫情的"重灾区"

拉美新冠肺炎的第一个确诊病例是2020年2月26日发生在巴西。进入5月后，拉美疫情发展迅速，到9月8日，拉美确诊病例已超过720多万例，占全世界确诊病例的四分之一强，死亡人数约30万人。截至9月8日，在全世界确诊病例人数排名前10国家中，拉美国家有5国：巴西确诊4147794例，世界第三；秘鲁确诊691575例，世界第五；哥伦比亚确诊671848例，世界第六；墨西哥确诊637509例，世界第八；阿根廷确诊487994例，世界第十。疫情比较严重的拉美国家还有：智利425541例，玻利维亚121604例，厄瓜多尔110092例，多米尼加99898例，巴拿马97578例，委内瑞拉54350例，古巴4352例。

拉美国家多位领导人曾确诊新冠肺炎，如巴西总统博索纳罗、时任委内瑞拉制宪大会主席卡韦略等。

拉美疫情迅速发展，成为全球新冠肺炎疫情新"中心"的主要原因是：早期对COVID-19重视不够、检测不足埋下"祸根"，后来抗疫应对措施不力、缺乏协调。疫情加速后，有的国家急于复工；社会保障结构脆弱、卫生系统不健全、医疗资源缺乏、现有资源已处于饱和状态等，导致拉美地区多数国家仍未出现疫情"拐点"，世卫组织专家认为，拉美疫情仍将继续蔓延，尚未达到顶点。

二 新冠肺炎疫情加剧了拉美的经济社会危机

2019年拉美经济只增长了0.1%。在新冠肺炎疫情暴发前，2019年12月拉美经委会曾预计2020年拉美经济增长1.3%。疫情暴发后，4月20日，拉美经委会预计2020年拉美经济将出现-5.3%的衰退。随着疫情的发展，7月15日，拉美经委会最新报告预计2020年拉美经济将出现-9.1%的衰退。疫情的快速发展、国际市场上初级产品价格和油价的下跌、旅游业的停滞和融资困难等使拉美经济形势进一步恶化。按该地区来看，2020年南美洲经济将出现-9.4%的衰退，中美洲和墨西哥-8.4%，加勒比地区-7.9%。按国家来看，阿根廷-10.5%，巴西-9.2%，墨西哥-9.0%，智利-7.9%，哥伦比亚-5.6%，秘鲁-13%，玻利维亚-5.2%，厄瓜多尔-9.0%，巴拉圭-2.3%，委内瑞拉-26%，古巴-8%，巴拿马-6.5%，多米尼加共和国-5.3%。拉美和加勒比33个国家有32个国家将出现负增长，只有圭亚那一国，由于大规模的新油田的开采，经济将出现43.5%的增长。2020年拉美人均国内生产总值将降至十年前2010年的水平。2020年拉美将有250万家企业倒闭，占企业总数的19%。目前拉美非正规经济从业者占劳动力的54%，有65.8%的劳动者没有参加医保。

经济的恶化，使贫困人口增加和失业率上升。2020年拉美贫困人口将增长7.1%，增加4540万人，达23090万人，占人口总数的37.3%；赤贫人口增长4.5%，增加2850万人，达9620万人，占总人口的15.5%。

2020年拉美的失业率比上一年上升5.4%，将达13.5%，将有4410万人失业。拉美各国基尼系数将上升1%—8%，其中巴西、智利、萨尔瓦多、墨西哥上升5%—5.9%，阿根廷、尼加拉瓜、秘鲁上升6%以上。

疫情并没有使拉美国家贫富差异缩小，反而使贫富差异扩大。据乐施会（Oxfam）2020年7月27日最新报告，自新冠肺炎疫情暴发以来，拉美73名巨富的财富增加了482亿美元。从2020年3月以来，每两周拉美增加一名巨富。巴西42名巨富的财富从3月的1231亿美元增加到7月的1571亿美元；同期，智利的7名巨富的财产增加了27%，达267亿美元。秘鲁2名巨富的财富增加了6%，达55亿美元。2020年拉美因新冠肺炎疫情财政收入减少1134亿美元，公共卫生开展减少59%。而拉美的巨富每天增加4.13亿美元的资产。

疫情加剧使拉美中间阶层人数减少。据拉美经委会报告，2020年拉美中低收入阶层的15%，约2080万人返贫，另有300万人成为赤贫。疫情使社会冲突深化，拉美抗议浪潮此起彼伏。2020年以来，在巴西、墨西哥、玻利维亚、阿根廷、智利、秘鲁、萨尔瓦多、哥伦比亚、厄瓜多尔等国抗议不断，尽管由于疫情，抗议规模不如2019年，敲锅抗议成为多国流行的抗议形式。

受疫情影响严重的脆弱人群是：（1）非正规经济从业者；（2）低收入和中低收入者；（3）家政服务者；（4）妇女、青年和儿童；（5）印第安人和非洲裔居民；（6）残疾人；（7）移民；（8）城市无业游民。他们面临的主要困难：（1）收入减少或停止；（2）饥饿，缺少食品；（3）缺医少药，无钱看病；（4）失业、失学；等等。

联合国拉美经委会为抗击新冠肺炎疫情提出以下建议：（1）加

强政府抗击疫情和发展经济的执政能力；（2）短期内，确保非正规从业者和脆弱人群的基本收入和消费，保障食品安全、药品供应和基本服务（水、电、煤气、医疗等）；（3）按照联合国2030年持续发展日程，制订中长期计划，改变发展模式和经济结构，改进、巩固和完善社会保障体系，减少社会不平等，努力实现社会包容、包容性增长和社会凝聚等。

拉美各国采取的具体措施有：（1）发放食品和医疗用品（券）；（2）发放现金以确保基本收入和消费；（3）对中小微企业，减免税收，给予贷款支持；（4）网络就业和网络授课等。如：巴西增加对120万困难家庭补助（Bolsa Familia）；墨西哥给800万老人、100万残疾人发放相当于4个月养老金的现金，对中小微企业减免税收的"播种生命"（Sembrando Vida）计划；阿根廷、委内瑞拉和特多发放食品卡（Targeta o Carnet de Alimentos）；巴拉圭给贫困老人提供食品养老金（Pensión Alimentaria）；哥斯达黎加发放3个月的保护券（Bono Proteger），每月12.5万科隆（Colon），相当于220美元；等等。

三 疫情加剧下拉美一些国家的选情和政局

2020年1—9月，有6个拉美和加勒比国家在疫情背景下举行了选举：（1）3月2日，圭亚那举行了选举，但由于反对党对选举初步结果质疑，认为选举有舞弊，选举最终结果8月2日才正式公布，反对党人民进步党在一院制国民议会65席中获33席，执政联盟获31席，其他党获1席。反对党候选人伊尔凡·阿里（Mehamed Irfaan Ali）获胜，当选新总统。阿里已于8月5日宣誓就职。（2）5月25日，苏里南举行选举，反对党进步改革党（VHP）候选人昌德利卡波萨德·单多吉（Chandrikapersad Santokhi）当选，已于7月16日正式就任总统。(3) 6月5日，圣基茨和尼维斯举行选举，执政党联盟（Equipo Unidad, Team Unity）获胜，人民工党（People's Labour Party, PLP）领袖蒂莫西·哈里斯（Timothy Harris）连选连任，再度出任总理。(4) 多米尼加共和国原定5月17日举行大选，后因疫情推迟到7月5日举行，反对党现代革命党（PMR）候选人路易斯·阿比纳德尔（Luis Abinader）当选总统，已于8月16日就任总统。(5) 8月10日，加勒比地区岛国特立尼达和多巴哥举行选举，8月11日，公布选举结果，执政党人民民族运动党（PNM）获众议院22席（共41席），反对党联合民族大会党（UNC）获19席。根据宪法，政府由选举中获众议院多数席位的政党组成，因此，现总理执政党领袖、70岁的基思·罗利（Keith Rowley）连任总理。(6) 9月3日，加勒比地区的牙买加举行选举，9月4日，选举结果公布，执政党工党获众议院63席中的49席，即四分之三的议席，现任总理、48岁的安德鲁·霍尔尼斯（Andrew Holness）连任总理，任期5年。

南美洲的玻利维亚原定今年5月3日举行大选，因疫情推迟到9月6日，之后，后又推迟到10月18日。2019年10月20日，玻利维亚举行大选，共有9名候选人参加角逐。左翼执政党争取社会主义运动候选人、总统莫拉莱斯得票率为47.8%，按照玻选举法规定，当选总统。但反对派在美国支持下拒绝承认选举结果，认为选举进程有舞弊，举行抗议，要求废除大选结果，重新大选。11月10日，玻警察总司令和武装部队总司令要求莫拉莱斯总统辞职，在军警头目的压力下，同一天，莫拉莱斯被迫宣布辞去总统职务。莫拉莱斯的辞职和流亡国外标志着玻左翼政权的垮台，这无疑是对拉美左翼力量的一次沉重打击。

智利原定 2020 年 4 月举行制宪公投，决定是否要制定新宪法，取代 1980 年皮诺切特军政府制定的宪法，后因疫情推迟到 10 月，这次公投对智利来说十分重要。

委内瑞拉已确定将于 2020 年 12 月 6 日举行 5 年一度的国会选举。目前委内瑞拉面临政治、经济、社会、外交的全面危机。

政治上，1 月 5 日，委内瑞拉官方和反对派分别举行国会主席选举，官方选举路易斯·帕拉（Luis Parra）为新一届的国会主席，而反对派选举瓜伊多继续任国会主席，致使委内瑞拉出现两个总统（马杜罗合法总统和美国扶植的、得到西方和拉美多数国家共 50 多个国家承认的瓜伊多"临时总统"）和两个国会主席的局面。

5 月 3 日和 4 日，委内瑞拉先后在拉瓜伊拉州的马库托（Nacuto）和阿拉瓜州的丘阿奥（Chuao）粉碎了两次海上入侵，共抓捕"雇佣军"46 人，其中大部分是委倒戈的前军人，还有两名美国前军人登曼（Denman）和贝里（Berry）。委内瑞拉政府认为，这两次入侵是美国和哥伦比亚支持的、委反对派策划的武装入侵，其目的是要推翻马杜罗政府。

6 月 12 日，委内瑞拉最高法院任命全国选举委员会新领导层，因反对派控制的国会（全国代表大会）违反宪法，故由最高法院任命全国选举委员会成员。最高法院任命原最高法院第一副院长英迪拉·阿方索（Indira Alfonso）为全国选举委员会主席。7 月 1 日，英迪拉宣布，国会选举将在 2020 年 12 月 6 日举行，并公布了选举的日程。她宣布，新国会的议席将从 167 席增加到 277 席。

7 月 2 日，委反对派领导人、反对派控制的国会主席瓜伊多表示，他和委 27 个反对党拒绝参加国会选举。但是，有一些反对党如"进步前哨党"（Avanzada Progresista）和基督教社会党（COPEI）的领导人表示将参选。

8月18日，马杜罗宣布，2017年8月成立的制宪大会将于2020年年底结束其使命。委制宪大会于2017年8月4日正式成立，原规定运行期为2年，负责重新制定国家宪法、维护国家和平、促进国内对话的任务。执政党统一社会主义党第一副主席卡韦略于2018年6月当选委内瑞拉制宪大会主席。根据委宪法，新宪法通过前，制宪大会将是高于任何其他政府部门的特殊权力机关，但委国内反对党联盟以及美国拒绝承认制宪大会合法性。2019年5月，卡韦略宣布，制宪大会运行期延长至2020年12月31日。制宪大会是以制定一部新宪法为名成立的，但成立3年来，其实际作用是取代反对派控制的国会，卡韦略承认，制宪大会并没有制定新宪法。

8月31日，马杜罗总统颁布总统法令，为实现全国和解，宣布赦免110名反对派人士，包括23名反对派议员、4名候补议员、一些反对派政党和组织的领导人等。马杜罗颁布赦免令的目的是为了表示其实现全国和解的诚意，让更多的反对派人士参选，使这次选举能得到国际社会的认可。西班牙政府、欧盟的外交与安全政策高级代表博雷利和联合国人权高级专员巴切莱特对委此举表示欢迎。但是，美国国务院发言人要求国际社会不要上委政府"象征性的行动"的当。

据土耳其外长梅夫吕特·恰武什奥卢透露，8月18—19日，他曾访问委内瑞拉，与马杜罗总统会谈，并与反对派领导人、前总统候选人、正义第一党主席恩里克·卡布里莱斯（Enrique Capriles）等会晤。据悉，卡布里莱斯也曾与马杜罗总统会晤。卡布里莱斯发推文说，正是由于他的斡旋，才促使马杜罗颁布赦免令，赦免110名反对派人士。

9月1日，总统马杜罗宣布，由于内阁中有8名部长将作为执政党统一社会主义党候选人参加竞选国会议员。根据现行宪法规定，参加竞选国会议员的部长必须提前3个月辞去原担任的职务，方能参加竞选，因此，这8名部长将被解除其部长职务。9月4日，马杜罗政府已任命8位新部长取代上述8位部长。

9月4日，美国国务卿蓬佩奥宣布，美国对委全国选举委员会主席英迪拉等4人实行制裁。

9月5日英迪拉宣布，截至9月5日，共有14000人报名作为议员的候选人参加竞选。这次国会将选举产生277名议员，比本届167名增加了110名。共有107个政党或组织参选，其中有30个为全国性政治组织，53个是区域性政治组织，6个全国性印第安人组织，18个区域性印第安人组织。

委反对派内部矛盾重重。瓜伊多企图拉拢和说服委反对派政党和组织，达成统一的协议，抵制12月的国会选举。然而，围绕12月的国会选举，委反对派内部分歧凸显。曾两次作为反对派总统候选人参选失败的卡布里莱斯公开反对瓜伊多抵制选举，认为，一味依靠外国制裁的办法，不可能推翻马杜罗。反对派应改变战略，应该参加选举，才能达到推翻马杜罗政权的目的，他指责瓜伊多自2019年1月自封"总统"以来，一事无成，成为"因特网的政府"。据《纽约时报》2020年9月8日一篇文章，卡布里莱斯参选的主张得到委天主教教会和委企业家协会的支持。由于瓜伊多自封"总统"近两年来，企图通过街头抗议、人道主义援助、策动政变、海上入侵等推翻马杜罗的手段接连遭到失败，瓜伊多的民调支持率从2019年的60%降低到目前的20%。

8月30日，反对派另一位领导人玛丽娅·科里娜·马查多（María Corina Machado）在与瓜伊多会见后表示，她对瓜伊多自封"总统"以来的作为表示不满，她不会再与瓜伊多联合。此外，4个反对派主要政党中也有一些党员登记参加国会选举。

9月7日，瓜伊多公布37个反对党和105个公民社会组织达成的"争取自由和自由选举的公约",公约反对12月的国会选举,将推动国内和国际运动,主张举行自由和透明的总统和国会选举。

委内瑞拉外长已代表委政府写信给联合国秘书长和欧盟外交与安全政策高级代表博雷利(Josep Borrell),邀请联合国和欧盟派观察员代表团观察委12月的国会选举。欧盟表示正在仔细地研究中。但是,西班牙政府和欧盟均表示,目前委内瑞拉举行国会选举的条件并没有成熟。

从目前情况来看,马杜罗政府及其执政党统一社会主义党已下决心在12月6日举行国会选举,以彻底改变5年来反对派控制国会的局面,把国会的控制权从反对派手中夺回。如不出意外情况,国会选举将会举行,一部分反对派政党和人士将会参选。执政党将会赢得国会的多数席位,但一些反对党可能会取得少数议席。毫无疑问,美国、欧盟等西方大多数国家及拉美部分国家不会承认委国会选举的结果,它们将继续支持以瓜伊多为首的委反对派,尽管它们对瓜伊多近三年来没能推翻马杜罗政权表示不满。

据联合国拉美经委会7月预计,2020年由于原油产量下降、美国制裁和疫情等多种因素影响,委内瑞拉经济将衰退26%。2020年7月,委内瑞拉原油日产量只有33.9万桶,与6月份持平(2003年前日产量为300多万桶)。委内瑞拉官方给欧佩克的报告为日产量39.2万桶。目前委原油出口平均每天只有27.3万桶。7月委内瑞拉原油出口平均价格每桶只有28.32美元(因委内瑞拉出口的原油均为重油),6月每桶只有24.73美元。石油出口是委主要外汇收入来源,由于产量和出口量的大幅度减少,加上油价下跌,使委内瑞拉外汇收入急剧下降,外汇收入的下降,使委不得不减少进口,而委内瑞拉许多基本生活用品和工业生产的原材料和半成品均依靠进口。据预计,2020年委原油出口仅能创收40亿美元。

2020年2月，豪尔赫·罗德里格斯宣布，美国对委内瑞拉的制裁给委造成1160亿美元的损失。

据委官方中央银行2020年9月1日公布的数字，2020年6月月通货膨胀率为25.1%，7月为19.6%，2020年1—7月累计通货膨胀率为491.9%，从2019年7月至2020年7月年通货膨胀率为2358.5%。另据反对派控制的国会公布的数字，2020年1—7月累计通货膨胀率为843.44%，从2019年7月至2020年7月年通货膨胀率为4699%。自2020年1月至今，委币玻利瓦尔贬值77.9%，目前市面上买卖基本上不用委纸币，按照9月5日汇价，50万玻利瓦尔等于1.48美元，100万玻利瓦尔等于2.96美元（官方汇价9月4日1美元等于362119.47玻利瓦尔）。目前委最低工资加上食品补助费每月只有2.3美元，一般职工月薪只有10美元，退休职工退休金只有3—4美元。居民购物主要使用美元现金或使用银行卡支付本币。美元在市面上已合法使用。

7月2日，英国最高法院将委内瑞拉寄存在英国银行的价值10亿美元的黄金判给瓜伊多"临时总统"。

据9月7日统计，委内瑞拉新冠肺炎确诊人数为53289例，在全世界排名第53位，死亡人数428人。

外交上，3月26日，美国政府对马杜罗总统等14名委内瑞拉高官提出贩毒罪的指控，并对马杜罗发出高达1500万美元的悬赏金，对其余高官悬赏1000万美元，以激励提供有用信息者。3月31日，美国国务卿蓬佩奥提出"委内瑞拉民主过渡框架"，要求马杜罗和瓜伊多一起靠边站，成立"国务委员会"，在6—12个月内，由"国务委员会"主持总统选举。对此，马杜罗表示，他决不会放弃政权。美国、欧盟国家和拉美十多个国家组成的利马集团仍继续承认瓜伊多为"合法"总统。2020年1月、2月，瓜伊多曾出访哥伦比亚、英、比、法、德、西、加和美国，2月4日还出席了美国总统特朗普在国会的国情咨文报告会。6月22日，特朗普表示愿意与马杜罗会见，但后来又说，会见的目的是要马杜罗交权。目前明确承认马杜罗为合法总统的有古巴、尼加拉瓜、俄罗斯、中国、伊朗、土耳其、墨西哥、阿根廷、加勒比一些国家和其他一些亚非国家。

四　疫情与中拉关系的发展

疫情对中拉关系产生了一定的影响，中拉人员往来减少，2020年1—5月，中拉双边贸易额同比下降8%。但中拉抗疫合作见真情。疫情暴发后，中拉互相声援。习近平主席先后同古巴国家主席以及委内瑞拉、巴西、智利、墨西哥、阿根廷、秘鲁、乌拉圭等拉美国家元首通话或互致信函，向他们表达中国的诚挚慰问和坚定支持，体现中国同拉美和加勒比国家之间的深厚情谊，也展现中国的大国担当。与此同时，我国政府向委内瑞拉、秘鲁等国派医疗专家组，我国政府、地方政府、民间团体和企业向拉美30多个国家和地区赠送或提供医用物资和器材。我国同25个拉美国家分享了中国抗击疫情各方面的信息和经验。7月底，中国国务委员兼外长王毅与拉美13国外长或外长代表举行抗疫视频会。中拉合作抗疫凸显双方致力于携手共建中拉命运共同体的坚定决心。王毅表示，在条件具备时，将尽早举行中拉论坛第三届部长会议。墨西哥自2020年1月8日起，担任拉美和加勒比国家共同体轮值主席国。墨西哥也在为中拉论坛第三届部长会议积极做准备。

美国因素对中拉关系的影响。特朗普执政以来，美国副总统、国务卿、总统安全顾问、防长等高管频频出访拉美，在访问拉美期间，鼓吹新门罗主义，攻击中国为"新的帝国强权"，在拉美"从事掠夺性经济活动"，"使拉美国家欠债"和"丧失主权"，强迫拉美国家在美中之间选边。2019年12月17日，特朗普政府提出"美洲增长"倡议（Growth in the Americas, América Crece），名义上是通过创造就业、鼓励私人投资拉美和实施基础设施建设计划来促进拉美经济增长，其实质是抵制中国的"一带一路"倡议在拉美的扩展。近年来，特朗普政府、美国一些私人机构（如美国国际开发金融公司等公司、银行和非政府组织等）、美洲开发银行等向拉美一些亲美政府及机构提供援助、贷款和捐赠医疗物资，帮助它们抗击新冠肺炎疫情。

拉美一些国家政局发生变动、政府出现更迭，美国借机破坏拉美国家对华关系，包括炒作远洋捕捞等问题。美国还与危地马拉（台湾所谓"邦交国"）、中国台湾、日本一起举行"全球合作暨训练架构（GCTF）"活动。

但是，美国企图阻挡中拉关系发展的图谋决不会成功，中拉坚持在危中寻机，着眼"后疫情时代"，以基础设施、能源、农业等传统领域合作和公共卫生、在线教育、电子商务等新领域合作为两个轮子，推动中拉务实合作转型升级，更好地惠及双方人民。

（徐世澄系中国社会科学院荣誉学部委员、拉丁美洲研究所研究员）

新冠肺炎疫情形势下的三点思考[*]

辛向阳

世界卫生组织2020年3月29日公布的数据显示，全球新型冠状肺炎确诊病例达到63万多例，死亡病例达到近3万例。这是非常严峻的问题，我们怎么正确地看待疫情的严峻性以及发展趋势，对于我们今后判断国际政治格局，包括经济的发展都是非常重要的。有的专家说，疫情到2020年冬季还可能暴发。美国有的专家提出，疫情影响有可能到2022年。不管怎样，在相关疫苗研制成功之前，我们必须学会如何与病毒共存，特别是经济社会生活如何实现防疫状态的常态化，既要有效防止疫情，又能保持经济社会生活正常化。这是一道十分难解的题目，但我们必须以极大的勇气解开这道难题。

一 对疫情影响国际经济政治格局的各种观点要有正确的认识，不能掉入别人的理论陷阱

针对这次疫情，现在的观点众说纷纭，最近看了几个材料，都

---

[*] 原载《世界社会主义研究》2020年第4期。文中数据保持了发表时的原貌，未作改动。

提出了自己的一些看法。《纽约时报》专栏作者、《世界是平的》的作者托马斯·弗里德曼在2020年3月17日发表文章,认为新冠肺炎疫情将成为"公元前和公元后"那样的历史分期的起点,即B. C.——Before Corona 和 A. C.——After Corona。①《人类简史》的作者尤瓦尔·赫拉利3月20日在《金融时报》发表的文章题目是《冠状病毒之后的世界》。赫拉利认为,人类现在正面临全球危机。也许是我们这一代人最大的危机,"在危机时刻,我们面临两个特别重要的选择。第一个是在全能的监视与公民赋权之间的选择。第二个是在民族主义孤立与全球团结之间的选择"②。无独有偶,美国《外交政策》网站3月20日刊文表示,新冠肺炎疫情"大流行"将永远改变世界。这家杂志邀请12位全球顶尖思想家、学者对疫情结束后的世界秩序做出预测。英国皇家国际事务研究所所长罗宾·尼布莱特认为:新冠肺炎疫情"大流行"可能是压垮经济全球化"骆驼"的最后一根稻草。新加坡国立大学教授马凯硕则认为:这只会加速已经开始的转变,从以美国为中心的全球化走向更加以中国为中心的全球化。前驻阿富汗美军司令约翰·艾伦则说得更加直白:这场危机将以我们才刚刚能够开始想象的方式,重新洗牌国际权力结构。4月3日,美国前国务卿基辛格在《华尔街日报》刊登评论,认为新冠肺炎疫情"大流行"将永远改变世界秩序。基辛格说,由于新冠肺炎疫情传播,在当下这个世界繁荣取决于全球贸易、人员流动的时代,"城邦国家"的城墙正在悄然复兴。

这些观点都有一定道理,但是站在马克思主义的立场上看,我们起码可以得出这样几个结论:第一,资本主义制度在应对像新冠

---

① 参见席来旺《全球新冠疫情将加速世界秩序重构》,人民网—国际频道,2020年3月25日。

② 转引自阮一峰的网络日志,2020年3月23日。

肺炎疫情这样非传统安全问题上是失灵的，这是由资本的本质决定的，因为资本注重利润而非民众的生命。第二，经济全球化的趋势是无法改变的，但这种全球化会改变很多规则，比如民族国家的作用会加强，国家在经济全球化进程中的重要性会加强，带来的问题就是国家之间的竞争会越来越明显。第三，西方国家会在疫情后修复自身的一些短板，特别是要强化其在价值观上的一致性。我们必须及时应对这一局面，防止一些国家联合起来向中国"甩锅"，甚至进行所谓的"索赔"。

二　在新的格局中怎么塑造新的格局，特别是中国应该扮演什么样的角色

这就是继续推动构建人类命运共同体，用多种形式、从多个层面进行构建。这次疫情发生以来，除了我们以制度优势很快把疫情控制住了，更关键的是中国在塑造经济全球化过程中，特别是构建人类命运共同体的过程中发挥了非常重要的作用，我们本着中国优秀传统文化中的"四海一家"的观念、"滴水之恩当涌泉相报"的思想，及时地在力所能及的情况下帮助疫情比较严重的国家。2020年4月19日，意大利米兰萨科医院的医护人员用中文录制了一段视频，向中国捐助者表达感谢，医生朱塞佩说："医院的医生和医务人员都想对您表示衷心的感谢。"随后他的同事们纷纷用中文说"谢谢"！我们看到，人类命运共同体理念在这次疫情中发挥的作用越来越重要，新冠肺炎疫情之后，怎么构建人类命运共同体？跟以前要有什么不同？习近平主席也提出建设健康的"一带一路"，提出人类卫生健康共同体的问题。中国政府和人民在抗击新冠肺炎疫情的斗争中以自己的实际行动践行着"人类命运共同体"理念，

"我们完全有信心、有能力、有把握打赢这场疫情防控阻击战",习近平主席在同很多国家领导人通电话时都会表达这一理念:"我们将继续本着人类命运共同体理念,同国际社会加强合作,共同战胜疫情。"习近平主席在2020年3月13日致电欧洲理事会主席米歇尔和欧盟委员会主席冯德莱恩,就近期欧盟发生新冠肺炎疫情向欧盟及各成员国人民表示诚挚慰问,他强调:中方秉持人类命运共同体理念,愿同欧方在双边和国际层面加强协调合作,共同维护全球和地区公共卫生安全,保护双方人民和世界各国人民生命安全和身体健康。国务委员王毅在《求是》2020年第8期上发表题为《以习近平外交思想为指引 在全球抗疫合作中推动构建人类命运共同体》的文章。文章讲道:"截至4月12日,习近平总书记同柬埔寨首相、蒙古国总统、巴基斯坦总统、世界卫生组织总干事会谈会见,同俄罗斯、美国、英国、法国、德国、意大利、西班牙、比利时、韩国、南非、埃塞俄比亚、巴西、智利等29位外国领导人及联合国秘书长等国际组织负责人36次通电话,向韩国、意大利、伊朗、法国、德国、西班牙、塞尔维亚等十余个国家的领导人和欧盟等区域组织负责人致慰问电,传递中国愿同国际社会同舟共济的真诚意愿,为提振各方信心、推动全球团结抗疫发挥了引领性作用。"这些通话、慰问电等反映了中国对于人类命运共同体理念的坚定信心。

三 要深入研究一些重大现实问题,解决今后经济社会发展中的深层次矛盾

首先,加大国家对保障人民群众身体健康的科研投资,使更多的科研成果能够及时地转化,保证人民群众身心健康。过去我们在

科研投入上是很大的，但在改善人民生命财产特别是生命安全健康方面的投入是不够的。通过这次抗击疫情，我们看到，这方面的投入应该加大，这不光涉及国家保证人民生命安全的问题，还涉及国家间的竞争。这次新冠疫苗的生产，各国争分夺秒，这是国力竞争问题，将来我们的财政投入，包括国家重点实验室一定要以战略眼光把这个问题放在非常重要的位置来考量，加大在这方面的科研投入，关于这个方面需要进行一些调整。

其次，从中国来看，出现问题比较多的是在城市，特别是在大城市，疫情传播得太快了。当然乡村也不例外，乡村的特点决定了聚集性传播也有可能像城市这么快。乡村振兴战略要加大力度，我们要通过新型城镇化，让农民就地城市化，这样一来也就不存在复工复产，避免了来回倒腾。乡村振兴战略在疫情结束之后要作为重点战略，让农民就地城镇化。今后发展乡村振兴战略，一定要跟城镇化很好地衔接在一起，我们既要保证产业的发展，同时还要考虑到突发的重大事件。乡村振兴战略方面不仅是产业的问题，还要考虑人才流动、大学布局设置。这些要有新的重大的调整，通过这个调整能让布局更加合理，出现重大突发事件的时候我们能更加均衡地处理好，付出的代价会更小。

最后，重点加大对小微企业和贫困人口的扶持力度。小微企业自身要积极探索寻求转型之路。在数据经济领域实施跨行业地域的信息基础设施建设，出台相关政策鼓励实体和互联网企业的合作，促进线下企业和线上企业之间的优势互补，搭建各行各业专业化信息平台，为中小企业的发展提供指导。政府还应该加大鼓励其免除承租的中小企业店家的租金的力度。疫情给贫困人口产业、就业、扶贫项目、帮扶工作等带来了不利的影响。政府可以通过点对点的方式，组织贫困劳动力返岗就业，同时以多种形式，促进就地就近就业。对受疫情影响致贫返贫的建档立卡贫困人口，要及时扩大纳入低保、特困供养、临时救助等保障性政策的覆盖范围，还要创造更多公益性的工作岗位。金融科技企业要积极探索公益助农的创新模式，通过产业助农、品牌助农、消费助农等措施，解决疫情影响下农户的农产品滞销卖难等问题。

（辛向阳系中国社会科学院马克思主义研究院副院长、研究员）

新冠肺炎疫情对世界的主要影响*

戚建国

这场前所未有的新冠肺炎疫情全球"大流行",已影响200多个国家和地区,演变成一场全球性危机。面对这场第二次世界大战以来人类社会经受的最严重挑战,各国政要和知名学者都在思考新冠肺炎疫情将怎样改变世界、人类社会将向何处去等重大战略问题。本人在此综合分析国际抗疫形势乃至国际战略形势,就相关问题谈些认识与思考。

一 世界历史发展的一般进程将会受到深刻影响

马克思主义认为,人类用什么方式生产,就会以什么方式进行战争。在农业社会,受生产力水平的限制,战争是影响历史进程的主要动因。在工业社会,随着科技水平的快速发展,除战争外,科技进步不断改变历史进程,人类社会经历的四次科技革命和产业革命,已充分证明了这一点。21世纪接二连三的重大疫情来袭,尤其是这次新冠肺炎疫情,将对世界历史进程产生重大影响。首先,人

---

* 原载《世界社会主义研究》2020年第7期。

们在大灾难中受到启迪。在守望相助的世界抗疫中，人类命运共同体理念被越来越多的人所接受。习近平主席在与联合国秘书长古特雷斯通话时强调："新冠肺炎疫情的发生再次表明，人类是一个休戚与共的命运共同体。""国际社会必须要树立人类命运共同体意识，守望相助，携手应对风险挑战，共建美好的地球家园。"[①] 欧盟委员会主席冯德莱恩和欧洲理事会主席米歇尔发表联合声明说，史无前例的事件需要史无前例的行动，必须在经济和卫生领域采取快速、大规模和协调一致的全球行动，这样才能拯救生命，避免新的经济危机产生。疫情没有国界，病毒不分种族。这场世界性的抗疫斗争，将会使更多的国家和人民深刻认识到人类命运共同体理念的世界意义。其次，人们在大灾难中受到洗礼。尤其是第三世界国家进一步认识到西方国家主导的国际秩序不可持续，将会引发第二次世界大战以来的又一次全球范围内的政治觉醒，这场政治觉醒有可能改写世界历史进程。最后，这场大灾难促使人们警醒。面对不确定性上升的世界局势，人们普遍有一种担忧，20世纪的经济大萧条是第二次世界大战的主要诱因之一，当前美国国内矛盾日益激化，社会各阶层严重撕裂，为了转嫁矛盾，其军事冒险性的一面有所上升，有可能主动挑事惹事、制造军事冲突，对此必须保持高度警觉。有一点可以肯定，局部战争的可能性是存在的。面对重大风险和挑战，中国应当承担起维护世界和平的历史责任。

二 经济全球化进程将会受到深刻影响

经济全球化是人类社会共同进步的大趋势，也是包括我国在内

---

① 习近平：《团结合作是国际社会战胜疫情最有力武器》，《求是》2020年第8期。

的大多数发展中国家的共同愿望。西方发达国家利用先发优势尽享经济全球化的红利，而在发展中国家融入世界大家庭开始共享经济全球化红利时，美国却举起了保护主义的旗帜，奉行美国优先战略。这场新冠肺炎疫情可能带来两种变化：一种是推动国际合作，力争使疫情得到遏制，而后世界主要国家在经济领域加强合作，扭转经济衰退势头，使经济全球化继续成为世界发展动力；另一种是各自为政、关门抗疫，拒绝国际合作，世界抗疫打成持久战，全球化进程将会受到严重影响。

三　全球经济发展进程将会受到深刻影响

始于 2008 年的金融危机已经过去 12 年，世界经济界普遍担心再次出现 20 世纪 20—30 年代发生的经济大萧条。从 2008 年开始，国际经济已经遭受了两次大的冲击：一次始于美国的金融危机，使国际经济受到重大冲击，本是美国惹的祸，美国却利用美元世界流通的本币优势，把祸水引向其他国家，美国反而独善其身；另一次始于美国挑起的贸易领域摩擦，美国大打关税牌，祸及不少国家，包括其盟友也饱受其苦，美国反而关起门来自己数钱。病毒不认人，世界头号大国反而成了感染大户，这将深度冲击美国经济。在这第三次大冲击面前，美国表现出了极度的战略焦虑和战略不自信，推出了一系列挑战举动，表现得近乎疯狂，这是逆历史潮流而动。我们对此应保持战略定力，不能随美国起舞，不能你一招我一式地简单应对，也不能你一句我一语跟着斗嘴，要有大战略、大智慧、大方略，力求赢得战略主动。

四　世界多极化进程将会受到深刻影响

马克思曾指出："各民族的原始封闭状态由于日益完善的生产方式、交往以及因交往而自然形成的不同民族之间的分工消灭得越是彻底，历史也就越是成为世界历史。"① 历史和现实日益证明这个预言的科学价值，世界多极化、经济全球化、社会信息化、文化多样化日益成为世界发展大趋势。国际秩序长期以西方占主导、国际关系理念以西方价值观为主要取向的"西方中心论"已难以为继。这场前所未有的大疫情，使人们更加清醒地认识到，面对生物安全的严重威胁，唯有加强国际合作，才能抗御病毒来袭。在世界抗疫斗争中，以霸权为主导的联盟体系受到严重冲击。单边主义、保护主义、自我中心、自我封闭的损人利己表现，正促使世界大多数国家尤其是与美结盟国家的政治觉醒。欧美大西洋体系在世界抗疫中失去往日影响力，暴露了以政治军事为主体的结盟基本经受不住病毒攻击，在生物安全威胁面前几乎看不到盟友手拉手的结盟效益。在东亚地缘政治体系中，与美结盟的日、韩、菲等国也在思考，在抗御病毒斗争中，以东方文化为基础的人文联系显现出强大的生命力，中、日、韩和东盟国家合作抗疫的效果，与大西洋体系抗疫的单打独斗形成鲜明对比。在民众生命受到严重威胁时，究竟哪个国家靠得住，哪种文化价值观立得正，哪种抗疫模式行得通，人们会很自然地思索这些问题。中东地区、南太地区、南美地区也在思考，对伊朗的封锁制裁符合人道主义理念吗？这场波及全球的大流行病，将使人们重新认识全球多极化的时代价值。

---

① 《马克思恩格斯选集》第1卷，人民出版社1995年版，第88页。

五 全球治理体系变革将会受到深刻影响

在新冠肺炎疫情冲击下，全球治理体系的短板和弱点更加凸显。首先，联合国体系在应对全球疫情中作用有限，权威性和号召力不够，显得有些"力不从心"。其次，世卫组织在信息发布、介绍防治经验、协调国际社会进行抗疫方面发挥了重要作用，但相对于世界银行和世贸组织，世卫组织的权威有限、功能有限、经费有限，在组织协调大国抗疫行动时缺少更有力的作为。最后，在世界抗疫行动中，各个世界组织分头行动，缺少应有的合作与配合，这导致全球治理呈现碎片化，如医疗物资在全球范围内的供给，涉及产品标准、关税以及物流等问题，需要世贸组织和世卫组织之间的密切合作。需要强调的是，在全球治理中起主导作用的还是大国，如何加强大国之间在全球治理体系中的合作，如何调整大国与国际专门组织之间的关系，大国如何担负起在全球治理体系中的责任和义务，如何改善大国关系对全球治理体系变革带来的诸多不确定性，这些都是亟待解决的重大问题。这一系列重大问题呼唤全球治理体系朝着更加公平、更加公正的方向变革，使全球联系更加紧密，全球治理体系走向健康轨道，全球应对重大公共事件的能力得到有效提升。

六 战略地缘理论的经典定义将会受到深刻影响

西方比较公认的战略地缘理论有三大流派：美国海军将领马汉提出的海权论，主张海洋主导权决定国家和世界命运；英国著名地缘政治学者麦金德提出的陆权论，主张谁控制了欧亚大陆世界岛，谁就能控制世界；美国战略地缘学者斯皮克曼提出的边缘地带论，主张欧亚大陆与海洋的边缘地带是世界的中心地带，谁控制了边缘地带，谁就掌握了世界的命运。这三大战略地缘政治理论影响了世界百年战略格局，第一、第二次世界大战和冷战都可以看到这些理论的重大影响。进入21世纪后，重大疫情频繁来袭，对世界格局的影响前所未有。面对这场波及全球的大疫情，生物安全问题已成为全世界、全人类面临的重大生存和发展威胁之一，生物领域的制权将超越制海权、制陆权，会同制智能权成为制权争夺的制高点，未来谁掌握了制生物权和制智能权，谁就掌握了世界的命运。

七 世界面临的安全环境将会受到深刻影响

这场新冠肺炎疫情"大流行"给世界带来的影响具有不确定性，世界抗疫正在继续，病毒来袭的影响仍在不断发展之中。可以预见，全球的安全环境将会受到严重影响，生物安全问题将会上升为颠覆性风险，应从国家总体安全的高度去认识把握。从战略定位看，生物安全是维系国家安全的新领域；从安全威胁看，微生物界潜伏着危及人类安全的新诱因；从战略博弈看，生物安全已成为夺取战略主动的新战场；从国情社情看，确保生物安全必须筑牢新防线；从长远发展看，抢占生物安全制高点必须制定新战略。

八 国家安全战略将会受到深刻影响

我们应从政治和战略的高度，统筹考虑国家安全战略问题。首先，要分析战略形势。判断当前的战略态势和对人类社会的主要安全威胁，搞清楚国家安全面临的风险挑战，既要关注政治安全、经济安全，也要关注军事安全、生物安全。其次，要预测发展大势。战略是管长远的，不仅要了解国家安全的昨天和今天，更要看准明天，这是大战略的难点之一。再次，要研究国际地缘政治。第一，应把大棋盘中战略较量领域的布局和态势搞透，把握好何为棋轴、何为棋眼、何为重心、何为关键棋子，凡此种种在国家安全大战略中构成何种战略关联和战略对抗。第二，要研究对世界历史发展进程的影响，主要研究某事件对政治、经济、军事、文化及国际关系等领域产生的影响，特别是一些颠覆性影响。最后，提出国家安全战略和发展战略，筹划应对之道。这是一个巨大的系统工程，事关人类社会生存发展，事关国家民族生死存亡，必须高度关注。

（戚建国系中国人民政治协商会议第十三届全国委员会常务委员、提案委员会副主任）

新冠肺炎疫情下国际形势的变与不变[*]

裘援平

新冠肺炎疫情是一场突发的全球公共卫生安全危机,"蝴蝶效应""黑天鹅""灰犀牛"等词语并不足以描述这场疫情对世界的巨大冲击。从目前看,疫情已经并将继续给国际形势带来新变化。这些变化将对处在百年未有之大变局中的世界产生重要影响,但并没有改变世界发展的基本趋势。

一 全球化趋势展现"地球村"面貌

一场突如其来的新冠肺炎疫情,全方位展现出非传统安全威胁对人类的共同挑战,让国际社会看到了各国相互依存的全球共生关系,看到了世界的整体性发展和"地球村"的大致面貌,看到了人类社会已经进入相互依存、利益交融、荣辱与共的时代。同时,全球化趋势的负面效应和风险挑战也在逐步增加,全球发展不协调、不平衡等问题依然突出,从而引发各国对全球化趋势及其行为范式

[*] 原载《世界社会主义研究》2020年第7期。

进行新一轮战略反思和调整。顺应全球化趋势的多边主义、世界主义、国际主义等相对开放的价值取向和保护主义、孤立主义、分裂主义等逆全球化思潮都会有所发展。

二 世界经济金融动荡促使全球产业布局调整

世界经济尚未彻底驱散 2008 年国际金融危机的阴云，新冠肺炎疫情又导致许多国家经济短期停滞或半停滞。一些国家扩张性对冲举措收效甚微，美联储打出"无底线"救市重拳，但世界经济增长率仍大幅跌落，失业率飙升等社会问题接踵而来。由于疫情对全球经济的影响具有短期性、阶段性特点，各国和企业会从长远视角关注产业链和供应链安全，反思如何降低本国经济的对外依存度和国别集中度，通过内向性政策和产地多元化降低风险，产业链、供应链将呈现本地化、区域化、分散化趋势，自给自足和局部"脱钩"也可能成为一些国家的选项。国际分工、全球贸易和产业链、供应链节点布局将出现新一轮调整。

三 各国治理体系和治理能力面临全方位检验

由于全球疫情蔓延与经济萎缩双重冲击，各国政府正面临全方位挑战，其制度优劣、治理能力、综合实力甚至文化习俗等都受到全面检验。有些国家应对不力导致其民怨沸腾，社会矛盾激化，执政基础削弱。特别是一些发达国家局面几近失控，陷入多重困境。它们为摆脱自身困窘或出于某种需要，诿过于人、转嫁危机、制造敌人，致使民粹主义、种族歧视、政治极化抬头，一些极端的政治势力更是借机挑起事端。什么样的治理体系更能适应全球化趋势，更具有抵御各种风险挑战的能力，是各国都应积极探索的新课题。由于各国受疫情影响程度不一，财力物力国力损失各异，国际力量对比也会因而出现消长变化。

四 全球性公共安全危机风险显著提升

新冠肺炎疫情在全球的传播力、杀伤力、影响力超过以往任何一次大瘟疫，甚至不亚于传统安全危机的危害性。在疫情面前，世界上没有国家能够成为孤岛，再强大的国家也难以独善其身。2020年以来，由于澳大利亚丛林大火、东非蝗灾泛滥等灾害的影响，粮价稳定和粮食供应面临严峻挑战，全球粮食安全也面临着考验。面对全球性公共安全危机，各国携手、共克时艰是唯一出路。但是，冷战思维、零和博弈、政治偏见等旧安全观和一系列人为制造的传统安全问题，仍然是破坏国际安全合作的重要障碍，需要国际社会共同努力克服。

五 全球治理的机遇与挑战并存

新冠肺炎疫情在客观上增进了国际社会对人类命运共同体的认识，强化了携手合作应对共同挑战的意愿，增强了公共卫生和经济金融领域全球治理的动力。以世界卫生组织为主要平台的全球公共卫生治理得到加强，双边和多边层面的国际合作展开，各国相关治理体系有所完善。以二十国集团为主要平台的全球经济治理机制再现生机，可望在推动全球治理方面发挥作用。合作抗击全球疫情和维护世界经济稳定，将成为今年联合国、二十国集团、金砖国家等多边会议的主旋律，也会成为各国和区域关系中的共同话题。同时，孤立主义、保护主义和单边主义等逆全球化风潮再现，各自为政、以邻为壑、转嫁危机、"脱钩"、"退群"等现象不绝，蚕食着国际信任和大国合作的基础，阻碍着全球治理机制的建设与完善。

六　世界发展的基本趋势没有改变

尽管当前国际形势出现一些新变化，但看清什么没有变与看清什么变了具有同等重要的意义。虽然新冠肺炎疫情对处于百年未有之大变局中的世界产生了重要影响，但世界发展进程的基本趋势并没有因为其短期影响和部分量变而发生改变。经济全球化是世界生产力和生产关系相互作用的必然结果，是不以人们意志为转移的历史进程，在经济全球化的历史大背景下世界发展的基本趋势很难因新冠肺炎疫情发生根本性的改变。新冠肺炎疫情不是全球化的危机，不是全球化的"罪过"，也不是全球化的产物，而是全球化趋势发展到新阶段的一次警钟。新冠肺炎疫情表明，在人类共生系统和世界互联互通的社会生态圈已经形成的时代，全球性的公共安全危机随时可能出现在"地球村"中。有人将新冠肺炎疫情视为具有划时代意义的里程碑，原因恐怕就在于此。许多国家措手不及的混乱局面，危机应对能力和治理体系不适应全球化趋势，反映出对全球化趋势及其所面临的挑战认识不足。尽管短时期内，经济全球化、区域一体化和各国互联互通机制可能出现某种倒退、分化或断裂，逆全球化的种种言行也会波澜再起，但最终还是会在利益和资本的驱动下，按市场规律和比较优势调整重构，在更合理的水平、更优化的配置上继续深入发展。国际社会也正是在应对一次次共同挑战中，汇聚着对人类命运共同体的共识，积蓄着全球治理和国际合作的动力。

（裘援平系中国人民政治协商会议第十三届全国委员会常务委员、

港澳台侨委员会副主任）

朝鲜面对新冠肺炎疫情的防控措施*

李永春

一场突如其来的新冠肺炎疫情席卷全球，给世界各国的政治、经济、社会等诸多领域造成巨大冲击。欧美发达国家由于措施不当、防控不力，导致疫情反复，最近再次出现扩散趋势。与之相比，有一个国家宣布至今没有出现一例确诊患者，实现了"零感染"，创造了医学史上的奇迹，这个国家就是朝鲜。那么，目前朝鲜的疫情到底如何？采取了哪些措施防控疫情？采取了哪些措施应对"制裁、疫情、洪灾"造成的压力？这些问题引起了相关国家的关注。

一 朝鲜疫情的基本概况和治理绩效

对于朝鲜宣布实现"零感染"一事，外界普遍持怀疑态度。自疫情暴发以来，一些韩国媒体多次猜测朝鲜出现了确诊患者，驻韩美军司令罗伯特·艾布拉姆斯也称朝鲜军队被封锁30天，他确信朝鲜出现了确诊病例，但至今这些猜测和"确信"都没有得到

---

* 原载《东北亚学刊》2021年第1期。

证实。① 有人怀疑朝鲜可能隐瞒疫情，但在疫情肆虐全球的情况下，这没必要，而且新冠肺炎传染性极强，不是依靠隐瞒能够防控的。朝鲜多次表示境内尚未发现确诊病例。在平壤设有办事处的世界卫生组织，也多次发表朝鲜境内无确诊病例的消息。2020年4月7日，路透社援引世界卫生组织驻朝鲜代表埃德温·萨尔瓦多回复的电子邮件表示："截至4月2日，朝鲜对709人（包括698名本国国民和11名外国人）进行了新冠病毒检测，目前没有发现确诊病例。"世界卫生组织称，朝鲜保健省每周向其汇报最新情况，表示朝鲜有能力在其首都平壤的国家参考实验室进行新冠病毒检测。② 此后，世界卫生组织继续对朝鲜疫情信息进行更新。6月30日，萨尔瓦多在接受美国媒体"朝鲜新闻"采访时表示，6月19日朝鲜国内对922人进行了检测，其结果均为阴性。此外，6月6日至19日解除隔离204人，仍有255人处于隔离中。该国累计解除隔离2551人。③ 10月10日，朝鲜在金日成广场举行了规模盛大的阅兵仪式，不仅是主席台上的金正恩及高层领导人，在观礼台上观看阅兵仪式的干部群众和在广场上不断更换背景图案的群众，以及参加阅兵多达数万人的官兵，均没有佩戴口罩，再次向全世界宣布朝鲜实现了"零感染"，在防控新冠肺炎疫情的"战争"中取得了胜利。朝鲜最高领导人金正恩在演说中表示："我真心感谢我国人民都健康无恙，真心感谢大家没有一个恶性病毒受害者，都很健康。在全球范围内疫情肆虐的今天，我们终于保卫了我国的所有

---

① 《艾布拉姆斯称确信朝鲜发生了确诊病例》，[韩] 联合通讯社，2020年3月14日，https://www.yna.co.kr/view/AKR20200313201651071?section=search。
② 《目前隔离509人世卫称朝鲜尚未报告确诊病例》，参考消息网，2020年4月9日，http://www.cankaoxiaoxi.com/world/20200409/2407062.shtml。
③ 《朝鲜继续主张"零感染"》，[韩] 联合通讯社，2020年6月30日，https://www.yna.co.kr/view/AKR20200630194800504?section=search。

人。世界不得不惊叹的今天的这一胜利,其实是我国人民自己赢得的,是伟大的胜利。"①

二 朝鲜政府采取的疫情防控措施

疫情蔓延全球之际,朝鲜如何做到"零感染"?对此,朝鲜中央紧急防疫指挥部成员、国家卫生检疫院院长朴明守表示,全球新冠肺炎疫情暴发以来,朝鲜尚未发现新冠肺炎确诊患者,朝鲜抗疫成功之处在于高层重视并及早采取严格防疫措施。②

第一,朝鲜高层予以高度重视。朝鲜把这次防疫看作国家、民族和社会主义前途生死攸关的大问题。2020年1月30日,朝鲜宣布根据党和国家的紧急措施,启动非常设机构中央人民保健指导委员会,并宣布将卫生防疫体系转为国家紧急防疫体系,直到根除新型冠状病毒感染危险性为止。③ 2月29日,朝鲜举行劳动党中央政治局扩大会议,就进一步切实采取并严格实行国家超特级防疫措施防控在全球迅速蔓延的病毒感染疫情方面的问题进行了讨论。朝鲜最高领导人金正恩指出:"这种一发不可收拾而快速蔓延的传染病一旦流入我国境内,其招致的后果是非常严重的,在扩散速度极快、潜伏期也具不确定性、没有科学弄清扩散途径的情况下,我们党和政府一开始强力施行的措施是最正确、最可靠的先发制人的决定性防御措施。"金正恩还强调:"我们采取的防疫措施不是简单的防疫工作,而是保卫人民的重大国家工作、党中央委员会的重大责

---

① 《我们党、国家和武装力量最高领导者金正恩同志在庆祝朝鲜劳动党75周年阅兵式上的讲话》,[朝]《劳动新闻》2020年10月10日。
② 《专访:要打一场高强度的防疫战——访朝鲜国家卫生检疫院院长朴明守》,新华网,2020年5月22日,http://www.xinhuanet.com/2020-05/22/c_1126020224.htm。
③ 《朝鲜将卫生防疫体系转为国家紧急防疫体系》,[朝]《劳动新闻》2020年1月30日。

任，全体干部要把一切力量集中于切实贯彻党中央的决议和指示，保障国家安全和人民生命安全。"① 7月2日，朝鲜举行劳动党第七届中央委员会第十四次政治局扩大会议，会议的第一个议题是总结新冠肺炎疫情防控6个月的工作情况，并讨论加强国家紧急防疫工作，进一步巩固当前防疫形势问题。金正恩再三警告，"轻率缓解防疫措施将会招致不可想象的、无可挽回的致命危机"，还强调各部门、各单位不要为当前良好的防疫形势自傲自满、放松警惕，要进一步加强紧急防疫工作，直到疫情输入危险性完全消失为止。② 从2月至9月的8个月间，朝鲜劳动党中央召开的政治局、中央军事委员会等主要决策机构的会议多达16次，其中有关防控新冠肺炎疫情的会议就有8次，占一半。由此也能看出，金正恩领导的朝鲜劳动党和政府对新冠肺炎疫情的重视程度。

第二，国家迅速采取力度空前的防疫措施。一是反应非常迅速。新冠肺炎疫情暴发后，朝鲜是最早采取严格管理措施的国家之一。2020年1月22日，朝鲜旅游机关就发出通知，自2020年1月22日起至生产相关疫苗并建立预防措施为止，全面终止赴朝鲜旅游，切断了疫情的输入源。1月28日，朝鲜宣布关闭新义州海关。1月30日，朝鲜宣布启动国家紧急防疫体系，并要求位于开城的朝韩共同联络事务所韩方人员全部撤离。1月31日，朝鲜宣布停运国际列车、停飞国际航班，禁止所有外国人入境。③ 与此同时，朝鲜保健省中央防疫所同各机关紧密合作，在全国范围内调查1月13

---

① 《朝鲜举行党中央政治局扩大会议》，[朝]《劳动新闻》2020年2月29日。
② 《朝鲜劳动党举行第七届中央委员会第十四次政治局扩大会议》，[朝]《劳动新闻》2020年7月3日。
③ [朝]金浩兴：《朝鲜对新冠肺炎疫情的应对》，引自韩国国家安全战略研究院 Issue Brief 第183号，第1—2页，http://www.inss.kr/contents/publications_ib.htm。

日后从外国入境的所有人，周密组织和安排对他们的医学监督工作。① 二是措施空前严厉。为了彻底防止新冠肺炎疫情的流入和传播，朝鲜对境内所有外国人（包括各国驻朝使领馆人员）、出访回国人员、相关接触者以及出现疑似症状人员全面进行严格排查、医学观察和隔离，而且隔离期延长至 30 天。② 据朝鲜中央广播电台报道，2020 年 2 月 24 日平安北道 3000 多人被列为"医学观察对象"。3 月 1 日，《劳动新闻》报道，在平安南道和江原道分别有 2420 多人和 1500 多人被列为"医学观察对象"。③ 仅在平安南北两道和江原道地区，就有近 7000 人被列为医学观察对象。7 月 19 日，一名疑似症状者从韩国非法越境逃到开城市。朝鲜防疫机关迅速采取彻底隔离措施，还同有关部门联系全面调查掌握 5 日之内与他接触过的所有对象和开城市相关人员，并采取措施进行检验检测和隔离医治。7 月 24 日，朝鲜全面封锁开城市。7 月 25 日，朝鲜劳动党中央委员会政治局召开紧急扩大会议，宣布该地区实施紧急状态，将国家紧急防疫体系升级为最高紧急状态。④ 由此可见，朝鲜采取了史无前例的严厉措施，全面封锁传染病可能进入的一切途径和漏洞，同时加强防控疫情的检验检疫工作，以防止疫情的境外输入和传播。

第三，朝鲜特色的卫生防疫体系和医疗保健制度功不可没。在朝鲜，隶属内阁的中央人民保健指导委员会是非常设机构。当国外或国内暴发疫情危及人民生命安全时，由中央人民保健指导委员会

---

① 《加强彻底防止新冠疫情传入我国境内的工作》，[朝]《劳动新闻》2020 年 2 月 3 日。
② 《朝鲜延长新型冠状病毒感染疫情防控隔离期》，[朝]《劳动新闻》2020 年 2 月 13 日。
③ 《为预防病毒传染病加大宣传和防疫工作力度》，[朝]《劳动新闻》2020 年 3 月 1 日。《朝鲜平安南北两道和江原道隔离近 7 千人》，[韩] 联合通讯社，2020 年 3 月 1 日，https://www.yna.co.kr/view/AKR20200301014000504?input=1195m。
④ 《朝鲜劳动党召开政治局紧急扩大会议》，[朝]《劳动新闻》2020 年 7 月 26 日。

宣布卫生防疫体系转换为国家紧急防疫体系，并成立中央紧急防疫指挥部，制定国家紧急防疫对策，监督下属各级紧急防御指挥部的执行情况。全国各地、各个单位必须无条件服从中央人民保健指导委员会的指挥。面对此次新冠肺炎疫情，朝鲜迅速将卫生防疫体系转为"国家紧急防疫体系"，中央紧急防疫指挥部指挥各级卫生防疫部门在全国迅速开展防疫，通过医学隔离、卫生宣传等工作，维持稳定的防疫形势。在中央紧急防疫指挥部的统一指挥下，各级紧急防疫指挥部切实保障全国防疫工作的组织性、一致性。各部门、各单位切实保障防疫物资供应。各地还持续强化对居民的卫生宣传和医学观察，要求全体居民出门必须佩戴口罩，进出各单位和公共场所必须进行体温检测和手部消毒。疫情发生以来，朝鲜主要媒体每日及时跟踪报道世界各国新冠肺炎疫情的情况。据统计，自2020年1月22日首次对新冠肺炎疫情进行报道以来，至9月30日止，《劳动新闻》刊登了1585篇相关报道。[①]《劳动新闻》在短期内对某一个问题进行如此频繁且详细的报道实属罕见，表明朝鲜对防范新冠肺炎予以高度重视。朝鲜特有的保健制度也在此次防疫过程中发挥了重要作用。朝鲜认为，在保健工作中，预防的本质是在得病之前采取预防措施，帮助人民构筑起强大的防范病毒侵入的屏障，做到防患于未然。为了保护人民的生命和增进人民的健康，与其得病之后进行治疗，不如做好预防工作，使人不得病更具有意义。朝鲜还放手发动群众，做好基层工作，在全国实行"医生分区负责制"。这个制度规定，居民区医院医生被称为"家户责任医生"，有自己负责的住宅区，对其中每户每人的健康负责，除了治疗患者，还承担旨在预防疾病的健康常识及卫生知识宣传、消毒和预防

---

① 《朝鲜实现"零感染"令人不可思议》，[韩]《中央日报》2020年10月29日，https://news.joins.com/article/23906523。

接种等多项工作。① 这种制度的优点在于，医生与居民的日常生活紧密相连，可以及时掌握其健康状态，及时发现和治疗患者，有利于实现预防医学的目标，使高层的要求落到实处。在此次防疫中，"家户责任医生"经常巡视居民区，宣传防疫知识，发现漏洞及时弥补，起到了很大作用。

三 朝鲜应对"制裁、疫情、洪灾"的措施

2020年年初，面对国际制裁以及朝美谈判僵局，金正恩提出要以"正面突破战"予以应对。但是，突如其来的新冠肺炎疫情对朝鲜造成巨大打击，加上台风暴雨造成的严重自然灾害，致使朝鲜面临"制裁、疫情、洪灾"三重考验。为尽快摆脱这种不利局面，朝鲜采取了一系列措施。

第一，适当放宽对边境口岸的管控，让急需的防疫物资和生产生活必需品进入朝鲜境内。受疫情影响，朝鲜海关关闭以来，中朝贸易额大减。据中国海关总署统计，2020年上半年中朝进出口贸易总额为4.11亿美元，同比减少67.2%。具体来看，朝鲜上半年对华出口额为2737万美元，同比减少74.7%；进口额为3.83亿美元，同比减少6.5%。其中，受疫情下朝鲜封锁边境影响，2020年3月和4月进出口贸易额减幅最大，分别为1864.7万美元和2400.3万美元，同比分别减少91.3%和90%。但朝鲜自5月开始适当放松管控之后，情况有所好转，5月和6月进出口贸易额分别为6331.5万美元和9680.2万美元，减幅分别收窄

---

① 《体现人民群众第一主义的朝鲜社会主义保健制度》，[朝]《劳动新闻》2018年6月23日。

至77%和57.3%。① 进口方面，受到新冠肺炎疫情影响，2020年上半年朝鲜自华进口整体大幅缩减，但食材和医疗用品进口额占进口总额的比重却反升，占比最大的是食用油，由5.5%上升到16.5%；其后依次是面粉，由3.3%上升到9.1%；砂糖，由1.7%上升到5.2%；医疗用品，由1.5%上升到3.9%。② 但自7月至9月，中朝进出口贸易额逐月递减，分别为7384.3万美元、2583.2万美元、2081.8万美元。③ 与此相反，朝俄贸易却呈现增长趋势。7月至9月，朝鲜对俄进口额为1333万美元，是2019年同期932万美元的1.4倍，其中谷物为797.1万美元，占59.8%；医疗用品为196.8万美元，占14.8%。在所有进口商品中增幅最大的是医疗用品，是2019年同期77.6万美元的2.5倍。有分析认为，这是为了满足大幅增加的新冠肺炎疫情检测以及新建的平壤综合医院之需。④ 10月，中朝进出口贸易额锐减到165.9万美元，仅为2019年同期的0.6%。⑤ 同时，朝俄贸易额也大幅减少，朝鲜对俄进口额环比减少81%，出口额环比减少51%。在进口商品中，医疗用品为24.4万美元，谷物只有550美元。⑥ 这种情况与朝鲜最近将防疫措施级别重新上调至最高级别

---

① 《2020年统计月报》，中华人民共和国海关总署网站，http://www.customs.gov.cn/customs/302249/302274/302277/3227050/index.html。
② 韩国贸易协会南北合作室：《2020年上半年朝中贸易动向及启示》，《韩国贸易协会南北经济合作报告书》2020年第6期。
③ 《2020年统计月报》，中华人民共和国海关总署网站，http://www.customs.gov.cn/customs/302249/302274/302277/3227050/index.html。
④ 《朝鲜从俄罗斯进口大量医疗用品》，[韩] 联合通讯社，2020年11月24日，https://www.yna.co.kr/view/AKR20201124021800504?section=nk/news/all。
⑤ 《2020年统计月报》，中华人民共和国海关总署网站，http://www.customs.gov.cn/customs/302249/302274/302277/3227050/index.html。
⑥ 《朝对俄贸易也因新冠肺炎疫情骤减，"10月进口额比9月减少81%"》，[韩] 联合通讯社，2020年12月12日，https://www.yna.co.kr/view/AKR20201212035900504?section=nk/news/all&.site=major_news03。

"超特级"有关。这是因为冬季病毒更易传播，疫情全球大流行的风险加大。这一趋势将持续到何时，成为相关国家关注的焦点。考虑到防控新冠肺炎疫情需要进口必需的医疗用品等因素，朝鲜会在适当时候重新开启对外贸易。

第二，动员全国人民积极参加"80天战斗"。2020年10月5日，朝鲜劳动党举行第七届中央委员会第十九次政治局会议。会议第一个议题是"全党、全国、全民大力开展80天战斗，以辉煌的成就迎接党的八大"。会议强调："从现在到召开党的八大还剩下80多天，这不仅是今年年底战斗期间，同时又是落实党的七大提出的国家经济发展五年战略的最后关头，因此全党全国要再次开展总突击战。"① 为动员全党、全国、全民一致投入"80天战斗"，朝鲜劳动党中央政治局向全党的党组织和党员发出号召。

"80天战斗"的目标：一是进一步加强国家紧急防疫工作，坚守防疫战线。朝鲜强调每个人都要牢记这是"80天战斗"的首要目标，要更加筑牢防疫屏障，并要求全体干部彻底掌握指导体系，负责任地做好本部门、本单位的防疫工作，保住防疫工作来之不易的"胜利果实"，保障"80天战斗"的顺利实行。二是在2020年年底之前完成灾后重建工作。频繁的台风和暴雨给朝鲜人民造成了巨大灾难。朝鲜举全国之力投入灾后重建工作，以保证在寒冬到来之前建好新的房子，让灾民能够安稳过冬。三是农业部门要认真完成2020年的秋收工作，并为2021年的春耕做好准备。朝鲜强调"粮食是我们的力量和尊严"，号召农业生产者不要浪费一粒粮食，并认真做好春耕准备，以确保来年取得大丰收，为国家做出贡献。四是积极推进计划2020年完成的国家重大建设

---

① 《朝鲜劳动党召开第七届中央委员会第十九次政治局会议》，[朝]《劳动新闻》2020年10月6日。

项目，人民经济各部门在2020年年底之前最大限度地落实国家经济发展五年战略目标。① 在国际社会制裁解除无望的情况下，朝鲜强调自力更生是实现"80天战斗"确立的各项目标的强有力的武器，要依靠自己的力量和技术、自己的原料和设备，最大限度地挖掘内部潜力和发展动力，不能对进口产生依赖性。

第三，积极开展"新冠外交"，努力拓宽外交空间。由于朝美谈判停滞不前，国际社会继续维持对朝制裁，朝鲜所处的外交环境依然艰苦。为了打破这种不利局面，在新冠肺炎疫情肆虐全球的情况下，朝鲜最高领导人金正恩积极开展首脑外交。首先，金正恩非常重视进一步巩固和发展与中俄两国的传统友好关系。在中国抗疫最艰难的时候，金正恩于2020年2月1日向中国国家主席习近平致亲笔信，代表朝鲜党和人民向奋战在疫情防控工作一线的中国全体党员和医务工作者致以亲切问候，还向在疫情中失去亲人的家庭表示诚挚慰问。在俄罗斯纪念卫国战争胜利75周年之际，金正恩于5月9日向俄罗斯总统普京致以热烈的祝贺和亲切问候，并衷心祝愿俄罗斯人民建设强大的俄罗斯，必将打赢新冠肺炎疫情防控战。② 此外，金正恩也希望早日打破朝韩关系和朝美关系僵局。3月4日，金正恩向韩国总统文在寅致亲笔信，向正在与新冠肺炎疫情进行抗争的韩国国民致以亲切慰问，表示坚信韩国一定能够战胜疫情。3月3日，朝鲜劳动党中央委员会第一副部长金与正就青瓦台对朝鲜人民军前线炮兵进行火力战斗训练一事表示遗憾，并发表谈话，"对青瓦台的低级思维表示惊愕"。③ 但仅仅一天之后，金正

---

① 《80天战斗的斗争目标》，[朝]《劳动新闻》2020年10月16日。
② 《金正恩同志向普京总统致》，[朝]《劳动新闻》2020年5月9日。
③ 《朝鲜劳动党中央委员会第一副部长金与正对青瓦台的低级思维表示惊愕》，[朝]中央通讯社，2020年3月3日，http：//www.kena.kp/kena.user.article.retrieveNewsViewInfoList.kemsf。《金正恩发来亲笔信声援韩国抗疫》，[韩]联合通讯社，2020年3月5日，https：//www.yna.co.kr/view/AKR20200305155351001？section=search。

恩就向韩方发出亲笔信表示慰问,表明金正恩并不想与韩方彻底闹翻。此后,金正恩还通过9月12日给文在寅发去的亲笔信以及10月10日朝鲜劳动党建党75周年阅兵仪式上的讲话,就新冠肺炎疫情向韩国总统文在寅和韩国国民表示慰问。10月3日,金正恩向被确诊为新冠肺炎的时任美国总统特朗普致慰问电,并祈愿特朗普和夫人早日治愈康复。① 他希望通过展示与特朗普良好的个人关系,为僵化的朝美关系寻找突破口。

四 小结

在2020年9月12日致文在寅的亲笔信中,金正恩说2020年是"可怕的一年"。在国际社会严厉制裁尚未解除的情况下,朝鲜接连受到新冠肺炎疫情和台风洪灾的双重打击。朝鲜举全国之力大力开展防疫斗争,成功阻止疫情的输入和传播,取得了"抗疫战争"的阶段性胜利。2021年年初,朝鲜将举行朝鲜劳动党第八次全国代表大会,提出新的国政运营方针和经济发展战略。虽然中国、朝鲜、韩国等国家有效防控了疫情,但在全球范围内新冠肺炎对人类的威胁还远未结束,大有卷土重来之势。在此背景下,如何做到既有效防控疫情,又维护经济社会正常运转,仍是摆在各国政府和民众面前的一项重大课题,需要继续进行探索。对朝鲜而言,还面临如何解决朝鲜半岛无核化问题,为防控疫情和经济发展创造良好国际环境的重大课题。因此,朝鲜劳动党第八次全国代表大会将提出何种新的方针政策,成为有关各方关注的焦点。

(李永春系中国社会科学院亚太与全球战略研究院助理研究员)

---

① 《金正恩同志向美利坚合众国总统致慰问电》,[朝]中央通讯社,2020年10月3日,http://www.kcna.kp/kena.user.article.retrieveNewsViewInfoList.kemsf。

二

新冠肺炎疫情与中国社会主义制度优势

从中西方疫情防控看中国制度优势

钟 君

面对史无前例的新冠肺炎疫情，以习近平同志为核心的党中央审时度势、运筹帷幄、沉着应对，领导和指挥全党全军全国各族人民坚定信心、同舟共济、科学防治、精准施策，打响了疫情防控的人民战争、总体战、阻击战，在保持政治稳定和社会安宁的同时，仅用两个月就基本阻断了新冠肺炎疫情的本土传播，经济社会秩序加快恢复。世界卫生组织总干事谭德塞表示，中国展现的领导力和政治意愿值得其他国家学习。然而，尽管中国为世界赢得了抗击疫情的宝贵时间和经验，美国等西方国家面对疫情，却陷入了制度失灵、管理失效、社会失序、物资匮乏、感染人数激增的混乱局面，所谓的资本主义"制度优势"荡然无存。中国和西方国家的疫情防控形势形成鲜明对照，中国特色社会主义制度优势充分彰显。

一 党领导一切，党旗在防控疫情斗争第一线高高飘扬，为抗击疫情提供坚强政治保证，彰显中国特色社会主义制度的政治优势

党的十九大报告指出："中国特色社会主义最本质的特征是中

国共产党领导,中国特色社会主义制度的最大优势是中国共产党领导。"[1] 中国抗击疫情的显著成效是对这一命题的最新也是最好注解。党集中领导、统一指挥、凝心聚力的政治优势,是做好党和国家各项工作的根本保证,是战胜一切困难和风险的"定海神针"。疫情发生以来,习近平总书记果断决策、亲自指挥,为疫情防控领航掌舵、定调压舱。党中央印发《关于加强党的领导、为打赢疫情防控阻击战提供坚强政治保证的通知》,发出最强动员令。各级党组织和广大党员、干部,特别是基层干部坚决落实中央部署,力克形式主义、官僚主义,把打赢疫情防控阻击战作为最重大的政治任务,让党旗在防控疫情斗争第一线高高飘扬,把党的政治优势、组织优势、密切联系群众优势切实转化成疫情防控的强大政治优势。面对空前的疫情,十几亿人口的大国,水不停,电不停,暖不停,通信不停,物资供应不断,社会秩序不乱……只有中国,只有在中国共产党领导下,才能做到。中国共产党作为领导一切的最高政治领导力量,其总揽全局、协调各方的主心骨作用充分发挥,中国特色社会主义制度的政治优势充分彰显。

　　形成鲜明对照的是,部分西方国家却因为政党纷争走向政治极化,决策效率低下,丧失疫情防控的最佳时机。面对来势汹汹的疫情,美国民主党与共和党也未能携手抗击疫情,而是各怀"鬼胎"。由于民主党人反对,共和党版的第三轮紧急经济援助计划,在参议院 2020 年 3 月 23 日的程序性投票中再次未能达到 60 票的门槛,宣告失败。截至 4 月中旬美国国会仍旧没有就下一步应该怎样应对疫情达成一致,民主党和共和党均表示不会放弃各自的提议,僵局进一步加深。另外,在两党激烈党争大背景下,由于美国重灾区的各

---

[1] 习近平:《决胜全面建成小康社会　夺取新时代中国特色社会主义伟大胜利——在中国共产党第十九次全国代表大会上的报告》,人民出版社 2017 年版,第 20 页。

州的州长多为民主党人,由共和党主导的联邦政府和各州政府的合作也开始产生严重分歧。与此同时,美国的疫情愈演愈烈,截至4月20日,人口约3.3亿的美国累计确诊病例近800000人,而人口约14亿的中国累计确诊病例不到85000人。

二 全国一盘棋,集中领导、统一指挥、举国动员、形成合力,彰显中国特色社会主义制度集中力量办大事的体制优势

坚持全国一盘棋,调动各方面积极性,集中力量办大事是中国国家制度和国家治理体系的显著优势之一。集中领导、统一指挥、举国动员,是打赢疫情防控阻击战的根本依靠。面对新中国成立以来传播速度最快、感染范围最广、防控难度最大的疫情,从武汉到湖北,从湖北到全国,在党中央统一指挥、统一协调、统一调度下,拧成一股绳、下好一盘棋,社会主义制度释放出强大的领导能力、应对能力、组织动员能力、贯彻执行能力,转化为应对大风大浪、抵御风险挑战时的治理效能:武汉"封城",人民解放军医护人员率先进入武汉,全国各地42000多名医务人员、180多个医疗队陆续奔赴武汉、驰援湖北;动员各方力量夜以继日建设火神山、雷神山医院,分秒必争改造方舱医院,快速实现"人等床"到"床等人";19个省份对口支援湖北省除武汉市外的16个市州及县级市的救治和防控工作。全国各地启动重大突发公共卫生事件一级响应,联防联控、群防群控防控体系得以建立,全国统一的应急物资保障体系迅速运行,形成了众志成城、抗击疫情的局面,疫情防控形势实现大逆转。

形成鲜明对照的是,部分西方国家缺少集中领导和统一指挥,中央政府推诿扯皮,地方政府各自为战,疫情防控混乱不堪。美国

疫情暴发后，联邦政府和各州政府之间、各州政府之间在储备和采购医疗物资方面产生矛盾，相互抢夺医疗资源。联邦政府的指令形同虚设，各州自行其是，加利福尼亚等州因对联邦政府不满，联合起来公开对抗联邦政策。无独有偶，欧洲的比利时政治制度复杂，语言文化南北对立，基层—大区—中央三层政府互相掣肘，掌控各地区各部门卫生医疗资源的行政主管（卫生部长）多达九位，抗疫共识难以达成，战胜疫情的宝贵时机白白浪费。

三 人民至上，把人民群众生命安全和身体健康放在第一位，应收尽收，应治尽治，彰显中国特色社会主义制度以人民为中心的价值优势

人民性是马克思主义最鲜明的品格。为人民谋幸福，是中国共产党人的初心。人民利益至上是中国特色社会主义制度的根本价值取向。习近平总书记反复强调，要以人民为中心，始终要把人民放在心中最高的位置，始终全心全意为人民服务，始终为人民利益和幸福而努力工作。生命重于泰山。面对疫情，以习近平同志为核心的党中央一开始就明确要求把人民群众生命安全和身体健康放在第一位。按照"集中患者、集中专家、集中资源、集中救治"原则，严格落实早发现、早报告、早隔离、早治疗措施，坚决做到应收尽收、应治尽治、应检尽检、应隔尽隔。不惜付出"封城"禁足、工厂停工、公共场所停业等一切代价防控疫情，救治患者，不忽略每一个病人，不放弃每一个生命。与此同时，面对疫情突发对民生所带来的重大影响，各级政府坚持就业优先，积极保障"米袋子"和"菜篮子"供应，强化对困难群众的救助保障，关心关爱一线人员，为境外我国公民提供必要防护

指导、物资保障和交通支持。

与之鲜明对照的是，英国等部分西方国家面对疫情仍然秉持资本至上的价值立场，宁愿牺牲民众生命，也不愿意让资本利益集团为巨额防疫投入买单，甚至提出"群体免疫"策略，并将其美化为"更高级的人道主义"。计划让绝大部分人感染新冠病毒，通过牺牲部分人的生命，使大部分人获得抗体，最终获得群体免疫力。鼓吹"群体免疫"的背后，不过是社会达尔文主义的当代变种。社会达尔文主义作为西方国家人权理论的思想支柱，其人权本质上是建立在生产资料资本主义私有制基础上的资产阶级的特权、财产权，是资产阶级的剥削权、压迫权和掠夺权，是少数剥削者剥削多数被剥削者的人权。社会达尔文主义把人民受剥削受压迫说成天经地义，是反人民的理论。"群体免疫"策略更是体现了西方资本主义制度的虚伪性和反人民性。

四 医保买单、财政兜底，物资充足、保障有力，彰显中国特色社会主义制度的经济优势

公有制为主体、多种所有制经济共同发展，按劳分配为主体、多种分配方式并存，社会主义市场经济体制等社会主义基本经济制度，为抗击疫情提供了强大的经济支撑，彰显社会主义优越性。公有制为主体保证国有经济掌握关系国计民生的关键领域和基础性行业，为中国共产党领导人民集中力量办大事提供坚实物质基础。中建集团仅用十天，建成了建筑面积34000平方米，可容纳1000张床位的火神山医院。中国石化针对口罩原材料短期紧缺的情况，迅速生产熔喷布，并全部定向供应制作口罩，不对企业和个人销售，防止中间商囤积投机倒把赚差价，有效缓解医疗物资供需矛盾，并

且抑制了原材料价格的持续暴涨。社会主义市场经济体制既发挥市场的决定性作用，又更好发挥政府作用，政府高效干预医用物资和民生物资的生产调度，为遏制疫情蔓延提供坚实物资保障。政府主导，确保医疗卫生、社会保障等基本公共服务真正体现公益性，公立医院在救治患者中发挥中流砥柱作用。对新冠肺炎患者实行免费救治，医保买单，财政兜底。据统计，确诊住院患者人均医疗费用达到2.15万元，重症患者超过15万元，少数危重症患者达到几十万元，甚至超过百万元，医保均按规定予以报销。面对严峻疫情，中国经济表现出巨大韧性，中国的股市、债市运作相对平稳，"米袋子"和"菜篮子"供应充足，水电气暖供应正常，疫情防控和复产复工在全球率先出现向好态势。

　　与之形成鲜明对照的是，部分西方国家受疫情影响出现了严重的经济衰退。美股在2020年3月连续4次出现"熔断"，而此前几十年美股只出现过1次"熔断"。截至4月第一周，美国首次申请失业救济的人数已经超过1600万人。4月底将有超过2000万人失业，全国失业率将达到15%。更为严重的是，资本主义制度医疗制度的伪福利性使很多人因为没有保险或保额不足根本不敢去医院看病。美国2018年有近2800万"非老年"的美国人没有医疗保险，占总人口的近9%，加上因新冠肺炎疫情失业而失去医疗保险的1000万民众，美国目前有大约3800万人没有医疗保险。独立的非营利性组织FAIR Health的调查显示，如果患者没有保险或选择了网络外（out-of-network）医疗机构看病，因新冠到医院就诊的费用预计在42486美元至74310美元之间。对那些使用网络内医疗服务看病的患者，根据其保险分担费用的不同，自付费用将在21936美元至38755美元之间。

五 凝心聚力、众志成城，敢于牺牲、礼赞英雄，志愿奉献、友爱互助，彰显中国特色社会主义制度的文化优势

中国特色社会主义文化制度以马克思主义为指导，将中华优秀传统文化、革命文化、社会主义先进文化汇聚成中国人民万众一心战胜疫情的强大精神力量。面对疫情，全国人民众志成城、凝心聚力，响应号召、自觉隔离，武汉人民识大体、顾大局，闭门不出、支持抗疫。四万多名医护人员"不计报酬，无论生死"，白衣执甲、"逆行"湖北；基层社区工作者勇挑重担、甘于奉献；无数社会工作者、志愿者、快递小哥冲锋在前、无私奉献；全国广大共产党员踊跃捐款，截至2020年3月26日，全国党员自愿捐款82.6亿元。中国人民把个人的生命体验与家国命运紧密相连，同声相应、同气相求、同命相依，用自己的实际行动展现了中国价值、中国精神。与此同时，感恩救助、致敬生命、礼赞英雄之风蔚为大观。清明节，全国人民默哀3分钟，深切哀悼牺牲烈士和逝世同胞。各援鄂医疗队分批撤离湖北时，湖北人民阳台相送、街头鞠躬，人民警察列队敬礼、鸣笛开道，以最高礼遇送别英雄，落地后各地机场以民航界最高礼遇"过水门"方式，迎接援鄂英雄凯旋。

与之形成鲜明对照的是，部分西方国家在疫情期间思想混乱，人心动荡。警察大规模"请病假"，医护人员罢工溃散，种族歧视加剧，民众陷入恐慌。2020年3月24日，纽约市有2774名警察请病假，占警员的7.6%。美国密歇根州部分护士罢工呼吁增派人手，而医院方面却同意他们离职。意大利南部莱切省索莱托市一家暴发

疫情的养老院，护理人员集体逃离，留下87名孤立无援的老人，多位老人不幸去世。研究发现，在2月9日到3月7日，新闻中提及亚裔遭到歧视话题的新闻上涨约50%。《华尔街日报》竟刊登题为"中国是真正的'亚洲病夫'"的评论文章。

六 坚持群众路线，发挥基层党组织战斗堡垒作用，构筑群防群治抵御疫情的人民防线，彰显中国特色社会主义制度的治理优势

群众路线是党的生命线和根本工作路线，贯穿于社会治理制度之中，转化为共建共治共享的治理效能，彰显着中国特色社会主义制度的治理优势。社区防控阵地是抗击疫情的两大阵地之一。我们强化联防联控、群防群控，把群众发动起来，紧紧依靠人民，构筑起与疫情斗争的人民防线。各级党委（党组）充分发挥基层党组织战斗堡垒作用和共产党员先锋模范作用，把基层党组织和广大党员全面动员起来，发扬不畏艰险、无私奉献的精神，既当"守门员""疏导员"，又当"跑腿员""宣传员"，坚定站在疫情防控第一线。建立健全区县、街镇、城乡社区等防护网络，做好疫情监测、排查、预警、防控、物资发放和心理疏导等工作，加强联防联控，严防死守、不留死角，构筑群防群治抵御疫情的严密防线。激活社会多元治理主体的参与性、主动性和积极性，广大社区居民不但自觉服从管理，而且主动要求担任志愿者参与疫情防控，人民群众成为打赢疫情防控阻击战的主力军。疫情防控期间，社会安宁，秩序井然。

与之形成鲜明对照的是，在疫情重压之下，部分西方国家治理失灵，社会动荡。不少美国人开始抢购物资甚至打砸商店引发暴

乱，尤其是针对亚裔暴力事件频繁发生。美国民众除了抢购食物、卫生纸等生活必需品外，也开始疯狂购入枪支、弹药和防弹衣等商品。意大利27所监狱发生暴动，已造成6人死亡，另有50人越狱。在疫情非常严重的情况下，法国仍然举行了大规模的抗议游行，西班牙仍然举行了妇女节大游行。匈牙利、捷克等国的枪支销量激增，越来越多人试图武装起来保护自己，担心疫情蔓延出现的严重物资短缺可能导致的法律和秩序瓦解。

七 人民军队为抗击疫情提供强力支撑，保证国家安全稳定，彰显中国特色社会主义制度党对人民军队绝对领导的独特优势

党对人民军队的绝对领导是党和国家的重要政治优势，更是中国特色社会主义制度的独特优势。面对严峻复杂的国际疫情和世界经济形势，人民军队不但为抗击疫情提供强大的人力和科技支撑，更保证着国家安全稳定，随时准备应对外部环境变化。疫情发生后，人民解放军在党中央和中央军委统一指挥下，牢记人民军队宗旨，闻令而动，勇挑重担，敢打硬仗，积极支援地方疫情防控。一声令下，全军4000多名医护人员火速驰援武汉，接管火神山医院，不但圆满完成医疗救治任务，而且实现"打胜仗、零感染"。军队的科研机构加紧开展对疫苗的科研攻关，驻鄂部队也组成运力支援队保障物资运输。与此同时，全军部队坚持抗疫不误战斗力，始终保持正规训练生活秩序和良好战备状态，海军组织辽宁舰航母编队跨区机动，航经宫古海峡、巴士海峡，到南海有关海域开展训练。

与之形成鲜明对照的是，在疫情期间，部分西方国家却因为军队缺乏政治信仰，疫情处理不当，出现战斗力下降乃至军人群体性

抗命行为。美国海军因防疫分歧产生内讧,并引发舆论风波,四艘美军航母全部受疫情影响"趴窝"。在与病毒的遭遇战中,意大利、西班牙等欧洲各国军队不但不能作为主力军参与抗疫,反而因不少军人感染病毒而陷入危机,暂停或缩减了常规军事行动。

八 积极参与全球疫情防控,为世界赢得经验和时间,彰显中国特色社会主义制度构建人类命运共同体的国际主义优势

秉承国际主义精神,积极参与全球治理,为构建人类命运共同体不断做出贡献是中国特色社会主义制度的显著优势。新冠肺炎疫情的全球蔓延再次表明,疫情无国界,人类是一个休戚与共的命运共同体。在应对这场全球公共卫生危机的过程中,构建人类命运共同体的迫切性和重要性更加凸显。习近平总书记呼吁国际社会齐心协力、团结应对,携手打好新冠肺炎疫情防控全球阻击战。疫情暴发以后,中国以最全面、最严格、最彻底的防控举措,改变了疫情快速扩散流行的危险进程,也构建起了阻止疫情传播的第一道防线,不但为全世界抗疫积累了经验,更争取了时间。中国始终秉持人类命运共同体理念,本着公开、透明、负责任态度,及时发布疫情信息,毫无保留地同世卫组织和国际社会分享防控经验,向80多个国家,以及世卫组织、非盟等国际和地区组织提供紧急援助,向伊朗、伊拉克、意大利、塞尔维亚、柬埔寨派遣医疗专家组,向世卫组织提供了2000万美元捐款,支持其开展抗疫国际合作。中国的国际主义精神得到国际社会的高度评价。

与之形成鲜明对照的是,资本主义制度的虚伪性和狭隘性暴露无遗。以美国为首的部分西方国家置国际道义与责任于不顾,将病

毒政治化，鼓吹"中国病毒论""中国隐瞒论""中国赔偿论""口罩外交论"等国际谬论，妄图"甩锅中国"，破坏全球抗疫局面。美国甚至叫停了对世界卫生组织的资助。欧洲各国则各扫门前雪。意大利呼吁欧盟成员国援助，竟没有一个国家响应，反而是中国派出医疗专家组携带救援物资奔赴意大利。为缓解医疗资源紧缺的矛盾，各国甚至相互扣留医疗物资。

历史是最好的教科书。经此一"疫"，"中国之治"和"西方之乱"形成的鲜明对照、社会主义制度和资本主义制度显现的优劣高低必将进一步彰显中国特色社会主义制度的显著优势，更好地教育人民、激励人民，进一步增强"四个自信"，为实现中华民族伟大复兴而努力奋斗。

（钟君系南开大学—中国社会科学院大学21世纪马克思主义研究院教授）

从抗击新冠肺炎疫情看中国为什么能够集中力量办大事
——兼论"自由民主—独裁专制"西方话语的误区[*]

梁 孝

武汉新冠肺炎疫情暴发时,党中央领导全国人民积极抗疫,迅速遏制住了疫情蔓延。中国特色社会主义制度和国家治理体系再一次显示出其集中力量办大事的优越性,但有一种错误观点认为,中国之所以能够集中力量抗击疫情,是因为中国是"大政府、小社会",其政治体制是"独裁"的,可以毫无顾忌地运用权力去推行各种违背"自由""人权"的抗疫措施。持这种观点的人没有看到集中力量办大事首先是社会主义制度优越性的体现,而不仅仅是简单地凭借政府的力量调集大量的资源。从根本上说,集中力量办大事是以社会主义制度为基础的。离开人民当家作主,离开以人民为中心的立场,离开党的群众路线和民主集中制,就不可能真正做到集中力量办大事。

---

* 原载《世界社会主义研究》2020 年第 7 期。

一 国家动员型治理体系是集中力量办大事的物质基础和组织基础

集中力量办大事是社会主义制度优越性的体现。从治国理政的角度看，它实质上是社会主义国家治理体系的一种突出能力，即在资源非常有限的情况下，党和政府能够集中有限的人力、物力和财力，最大限度地调动各方面的积极性，全国一盘棋，统筹安排，解决国家在发展过程中所面临的战略性重大难题，应对重大突发事件和自然灾害。在不同的历史时期，集中力量办大事具有不同的表现形式，但它的根本特征没有变，这些特征包括：党的领导，党和政府具有控制、配置资源的强大能力，全国统筹安排，高度的社会动员。

在新时代推进国家治理体系和治理能力现代化的过程中，我国更加明确了党、政府、市场、国企的各自地位、作用和相互关系，集中力量办大事有三个突出特点。

第一，"必须坚持党政军民学、东西南北中，党是领导一切的，坚决维护党中央权威，健全总揽全局、协调各方的党的领导制度体系，把党的领导落实到国家治理各领域各方面各环节。"[1] 这里要强调一点，党的全面领导以其严密的基层组织为基础。

第二，在政府和市场的关系方面，充分发挥市场在资源配置中的决定性作用，提高资源配置的效率，更好发挥政府作用，保持宏观经济稳定，提供公共服务，维持公平竞争的市场环境，维护社会公平正义，让市场机制充分发挥作用。

---

[1] 《中共中央关于坚持和完善中国特色社会主义制度推进国家治理体系和治理能力现代化若干重大问题的决定》，《人民日报》2019年11月6日。

第三，在国企和民企的关系方面，坚持和完善公有制为主体、多种所有制经济共同发展的基本经济制度，发挥国有经济主导作用，不断增强国有经济活力、控制力、影响力。鼓励、支持、引导非公有制经济发展，激发非公有制经济的活力和创造力。

坚持和完善公有制为主体，壮大国有企业，保障了国家对关系到国计民生的战略性行业和战略性资源的控制，使国家在重大时刻能够迅速地配置资源。

在新时代国家治理体系中，党、政府和市场、国有企业和私营企业，都发挥着不同层面的功能，优势互补，形成强大的国家治理能力。在党的全面领导下，国家动员型治理体系既能保持经济的内在活力和效率，又能保障国家配置资源的能力，全国一盘棋，调动各方面积极性，集中力量办大事。

这种动员特征及其保障体系是历史形成的，只有从近现代中华民族所面临的巨大挑战以及中国人民如何应对挑战出发，才能更深刻地理解它。

中国共产党领导中国人民艰苦奋斗的近百年历史，是中华民族求生存、求独立、谋发展、谋复兴的历史，是奋发图强赶超西方的历史，也是中华民族总动员攻坚克难的历史。集中力量办大事形成于这个历史进程中，是中华民族总动员的具体形式。它使中国能够在非常落后的情况下，集中一切力量，克服艰难险阻，努力实现赶超西方的目标。革命时期，为了打败拥有强大工业能力的帝国主义及其代理人，中国共产党人深入广大农村，发动群众，建立党的基层组织，建立根据地政权。这些党的组织和政权组织是以战争动员为中心目标的组织体系。中国革命走的是以农村包围城市的道路，最后确立起全国性政权，在这一过程中，也形成了立足于农村基层组织的全国性动员体系。这是中国国家动员能力的组织基础。新中国成立后，在中国社会主义工业化道路上，我们选择的是重工业和军事工业优先发展的战略。就工业化而言，新中国成立后的前30年，就是中国集举国之力，统筹计划，建立以重工业为中心的完整的工业体系的30年。我国强大的国家统筹体系、国有大型企业体系都是以那个时期的建设成就为基础发展起来的。这是国家动员能力的物质基础。改革开放极大地激发了我国的经济活力，使我国走向世界，参与全球经济分工和竞争。在这一过程中，市场配置资源的作用不断增强。中国进入了赶超西方的新阶段。然而，在中国与西方经济实力、科技实力、产业实力、公司规模存在巨大差距的情况下，中国不可能完全靠市场机制来实现赶超战略，必须通过国家制定战略目标，统筹战略布局，集中力量，攻克发展中的难关。新时代的国家动员能力体系由此形成，它在维护国家安全、制定产业政策、推动核心技术自主创新、应对重大突发事件和自然灾害等方面发挥着巨大作用。

总而言之，国家动员型的治理体系是历史形成的，它为集中力量办大事提供坚实的组织保障和物质保障。

二 人民当家作主是集中力量办大事的根本动力

中国共产党领导中国人民建立了人民民主专政的国家。人民当家作主，是我国动员型国家治理体系的内在本质。人民成为国家的主人，极大地激发出人民群众的积极性、主动性和创造性，从而为集中力量办大事提供了最根本的动力。

有一种观点认为，中国之所以能够集中力量办大事，取得抗击疫情的阶段性胜利，是因为中国是"大政府、小社会"，政府"独裁",可以不顾个人的权利采取一切行动。这种观点完全没有看到人民当家作主的人民民主政治制度对集中力量办大事的支撑作用。

集中力量办大事是社会主义制度优越性的体现。因为它不是简单地集中力量,而是能够办大事,而且是在条件极其有限、投入极其有限的情况下办成大事。这是一种高效率的体制。这种高效率必须通过充分发挥人民群众的主动性和创造性来实现。

中国发挥集中力量办大事的优势,取得了很多令人瞩目的成就。这些成就自然离不开政府的统筹安排,但是,还要看到,这些成就更离不开人民群众主动性和创造性的发挥。大庆油田建设就是我国发挥集中力量办大事的制度优势在工业领域取得突破性重大成就的典范。大庆油田建设采取会战方式,由国家紧急追加财政拨款,由石油部集中技术力量和物资,由中国人民解放军总参谋部动员3万退伍军人补充建设力量。大庆油田建设最突出的一点,就是建设者展现出高度的主动性、创造性和献身精神。数万人一起来到松辽平原的萨尔图草原,在自然条件艰苦、后勤供应缺乏的工作条件下,立即投入工作。在三年困难时期,他们不靠国家,自力更生,种粮种菜,搞副业养殖加工,自己解决困难。经过大庆石油工人的努力,我国在1965年年底完全实现石油自给,而且形成自己的石油工业技术体系。在大庆油田建设的最初四年,"用于生产建设的资金占总投资的92.5%,而非生产性的建设投资只占总投资的7.1%,其中用于办公室、住宅建设的,只占总投资的3.3%。"[①]没有石油工人高度的主动性、创造性,在这样艰苦的条件下是不会取得如此巨大的成就的。

独裁政权确实能够调集资源,但是,它不可能有社会主义集中

---

① 《余秋里回忆录(下)》,人民出版社2011年版,第577页。

力量办大事的制度优势，更不能以有限的投入办成大事。这是因为，对于只能以暴力强迫人民做事的政权，人民会以各种形式进行反抗。美国学者詹姆斯·斯科特对马来西亚一个村庄的农民进行了研究，揭示了农民对违背其利益的政府政策的反抗形式，并称之为"弱者的武器"。在他来看，"相对的弱势群体的日常武器有：偷懒、装糊涂、开小差、假装顺从、偷盗、装傻卖呆、诽谤、纵火、暗中破坏……他们的行动拖沓和逃跑等个体行动被古老的民众反抗文化所强化，成千上万地累积起来，最终会使得在首都的那些自以为是的官员所构想的政策完全无法推行。"①

在社会主义中国，人民是国家的主人，而在独裁政权下，人民是没有地位的。前面所提到的错误观点正是忽视了这一本质差别。以政府相对于社会的"大"和"小"来解释政府的动员能力，其根本错误也正在于此。

中国革命的历史就是中国人民翻身得解放，成为国家主人的历史。在新民主主义革命时期，中国人民在中国共产党领导下，在农村建立革命根据地，实行工农武装割据，建立人民民主政权。苏区的工农兵代表苏维埃、抗日边区的"三三制"政府和解放区的人民政府都是人民民主政权在不同革命时期的代表形式。中华人民共和国的成立标志着全国性人民民主政权的建立。中华人民共和国实行工人阶级领导的、以工农联盟为基础的、团结各民主阶级和国内各民族的人民民主专政。人民当家作主，成为国家的主人。当人民成为国家的主人时，"国家"的事情就是"我"的事情，人民群众就会焕发出巨大的热情，以高度的主人翁精神投入国家建设中，为了未来的美好生活去克服各种艰难险阻。这样，党和国家才能在调集

---

① [美] 詹姆斯·斯科特：《弱者的武器》，郑广怀、张敏、何江穗译，译林出版社2011年版，第2—3页。

有限资源的基础上，通过发挥人民群众的主动性、创造性来高效率地办大事。

三　群众路线为集中力量办大事汇集人民的意愿和智慧

党的群众路线是党的根本工作路线，强调以人民为中心，保持党和人民群众的血肉联系。在集中力量办大事的过程中，它汇聚人民群众的意愿、热情和智慧，为制定正确的、符合人民利益的政策提供保障。

在集中力量办大事时，仅有人民当家作主的热情是不够的，还必须通过群众路线，把人民群众的热情、愿望和智慧转化为具体的决策，转化为解决问题的具体可行方案。这表现为三个方面。

第一，一切为了群众。坚持一切为了群众，就是坚持全心全意为人民服务的党的根本宗旨，就是坚持人民当家作主。同时，也只有在决策中坚持为人民服务，维护人民当家作主的地位，体现人民的根本利益时，决策才能得到人民群众的拥护，才能激发人民的热情。

第二，一切依靠群众。人民是历史的创造者。只有依靠人民，相信人民，才能克服一切艰难险阻，取得最终的胜利。在革命时期，毛泽东一再强调要依靠人民，相信人民群众的主动性、创造性。1945年，毛泽东在《论联合政府》中总结革命经验时说："应该使每一个同志懂得，只要我们依靠人民，坚决地相信人民群众的创造力是无穷无尽的，因而信任人民，和人民打成一片，那就任何困难也能克服，任何敌人也不能压倒我们，而只会被我们所压倒。"[①] 毛泽东把人民

[①] 《毛泽东选集》第3卷，人民出版社1991年版，第1096页。

群众视为中国革命的"上帝"。他在《愚公移山》里非常形象地说:"现在也有两座压在中国人民头上的大山,一座叫做帝国主义,一座叫做封建主义。中国共产党早就下了决心,要挖掉这两座山。我们一定要坚持下去,一定要不断地工作,我们也会感动上帝的。这个上帝不是别人,就是全中国的人民大众。全国人民大众一齐起来和我们一道挖这两座山,有什么挖不平呢?"[1]

第三,从群众中来,到群众中去。这是中国共产党的基本工作方法,是为了群众、依靠群众、相信群众在工作方法中的体现。毛泽东指出:"在我党的一切实际工作中,凡属正确的领导,必须是从群众中来,到群众中去。这就是说,将群众的意见(分散的无系统的意见)集中起来(经过研究,化为集中的系统的意见),又到群众中去做宣传解释,化为群众的意见,使群众坚持下去,见之于行动,并在群众行动中考验这些意见是否正确。然后再从群众中集中起来,再到群众中坚持下去。如此无限循环,一次比一次地更正确、更生动、更丰富。这就是马克思主义的认识论。"[2] 坚持群众路线,就要深入群众,去了解群众的真实愿望,去了解群众对事情的认识,然后将其体现在政策的制定和执行中。在政策制定后,还要去征求人民群众的意见。习近平总书记形象地说:"在人民面前,我们永远是小学生,必须自觉拜人民为师,向能者求教,向智者问策;必须充分尊重人民所表达的意愿、所创造的经验、所拥有的权利、所发挥的作用。"[3] 从群众中来,到群众中去,最关键的一点就是倾听群众的声音,听真话,听批评,及时了解政策及其执行过程中出现的问题,及时调整并不断完善政策。

---

[1] 《毛泽东选集》第3卷,人民出版社1991年版,第1102页。
[2] 《毛泽东选集》第3卷,人民出版社1991年版,第899页。
[3] 《习近平谈治国理政》,外文出版社2014年版,第27页。

我国抗击新冠肺炎疫情的斗争就始终贯穿着党的群众路线。在病患的救治过程中，我们始终坚持把人民生命安全和身体健康放在第一位，不分贫富贵贱，应收尽收，应治尽治，治疗费用个人部分由国家承担。在抗击疫情过程中，党充分依靠人民群众，进行群防群治。面对突发疫情，在对疫病了解不清的情况下，各级政府充分发挥人民群众的智慧，群策群力，不断总结经验，完善疫情治理。在此次抗击疫情的斗争中，人民群众以巨大的热情投入这场人民战争。反观西方某些国家的"群体免疫"抗疫策略，由政府决策，由专家摆出"科学"理由，这种政策本质上是放任病毒传播。面对同样的病毒，与生活和医疗条件优越的精英相比，底层民众自然成了政策的牺牲品。这又何谈"自由"和"人权"？

四　民主集中制保障集中力量办大事的科学、民主和高效

民主集中制是群众路线在党的生活中的运用，是社会主义制度的重要优越性之一，为集中力量办大事提供科学、民主和高效的决策机制。

民主集中制是党的根本组织原则。民主基础上的集中和集中指导下的民主的有机统一，为党内正常开展政治生活提供了重要的制度保障。正如邓小平所说："没有民主，就没有集中统一；没有集中统一，党就没有战斗力。我们党要永远保持集中统一。这样的党，才真正有战斗力。但是，只有在民主基础上，在充分发扬民主的基础上，才能够建立这样一个统一的党，有纪律的党，有战斗力的党。"[①]

[①]《邓小平文选》第 1 卷，人民出版社 1994 年版，第 307 页。

党的民主集中制这一根本组织原则也是党进行决策的基本原则。

一方面，民主基础上的集中保障决策的科学性和合理性。科学决策必须搞清楚问题，了解实际情况，才能制订可行的方案。党内民主原则非常明确，对于党的事务，每个党员都是平等的，都有发表不同意见的权利，有进行批评的自由。为了更好地解决问题，党的民主原则要求参加会议的党员要进行充分、坦诚、深入、严肃的发言，知无不言，言无不尽。不同的意见要摆出来，展开争论，充分交换意见。如果意见不能统一，在不影响工作的情况下，还要进行第二次讨论，直到得出明确的结论。从党的根本宗旨来看，党员不仅有权利，而且有义务从人民的根本利益出发，从党的根本利益出发，对讨论的问题提出自己的真实看法，使党能够了解真实情况，做出科学决策。

另一方面，集中指导下的民主保障决策中心的权威和决策有效执行。集中指导下的民主原则强调党的领导核心的绝对权威，强调铁的纪律。党的决议必须无条件地执行。党员个人必须服从党的组织，少数必须服从多数，下级组织必须服从上级组织，全国的各个组织必须统一服从党中央。这样，全党围绕党的领导核心团结一致，从而把全体党员的力量，把由民主原则激发出来的活力凝聚为强大的战斗力。从决策角度看，党的领导核心避免了议而不决、决而不行、行而不实等不良现象。在党员充分发表意见后，就要根据少数服从多数原则，根据党的集体领导，做出决议，提出解决问题的具体方案。党中央的权威、党的纪律保障党的决策能够在各级组织中被迅速贯彻执行，保障党的各级部门分工合作，团结一致。党内民主允许党员对决议保留不同意见，并通过组织渠道提出意见，但是，在决议执行时，即使有不同意见，党员也要无条件地执行。

无产阶级政党自诞生以来，民主集中制一直是其根本的组织原则。它最适合将党和人民的智慧和力量凝聚起来，形成强大的战斗力。我国集中力量办大事所要解决的问题，都是在正常情况下，个人、团体和个体企业无法解决的问题，如整个重工业体系的快速建立、关键核心技术的创新、突发重大自然灾害等。在一定意义上，它们都与战争有着某些相似的特征，要在条件有限的情况下，在时间紧迫的情况下"决战"，攻城夺隘。民主集中制的科学、民主和高效的决策机制正适合集中力量办大事。

正因为有了民主集中制，在新冠肺炎疫情暴发后，党中央命令一出，全国一盘棋，协调一致，迅速控制住了疫情。相反，美国则是另外一种状况。面对新冠肺炎疫情，共和党领导的联邦政府和民主党控制的国会众议院相互掣肘，联邦政府和州政府的政策相互冲突，各州与各市之间的政策也不一致，在拥有发达的医学科技、医疗体系和防疫体系以及准备时间充裕的情况下，美国竟成了世界上病人最多、病人死亡最多的国家。中美两国抗击新冠肺炎疫情的巨大差异，充分证明了民主集中制的优势。

五　正确认识集中力量办大事的制度优势必须走出西方话语体系

中国成功抗击新冠肺炎疫情的事实再次证明，中国特色社会主义制度和国家治理体系具有集中力量办大事的优越性。但是，有一些人把中国抗疫胜利归因于政府"独裁"。他们以抽象的"自由民主—独裁专制"的西方话语来分析和评价我国的这一制度优势，从而形成错误认识。这些错误主要有四点。

第一，"自由民主—独裁专制"的西方话语以抽象的人为出发点，故意抹杀中国特色社会主义国家治理体系中人民当家作主的本质。

"自由民主—独裁专制"的西方话语往往以抽象人性论为理论基础，即认为存在普遍的、永恒的人性，由人性形成普世价值，由普世价值生成最符合人性的政治经济制度。这种政治经济制度就是以美国为代表的西方政治经济制度。另外，这种"自由民主"与"独裁专制"的斗争被描述为一种历史图式。在历史上，希腊与波斯的战争，就是"自由民主"的西方文明与"独裁专制"的东方文明的斗争的起点。这种斗争在历史中一直延续。在这种理论看来，社会主义苏联和中国都是东方国家，实际上都是东方专制主义。它避而不谈社会主义国家的国体，不谈人民当家作主的政治地位。

第二，"自由民主—独裁专制"的西方话语是一种抽象的评价尺度，它无视中国特色社会主义强大的国家治理能力。

这种话语认识和评价中国特色社会主义制度的方式主要表现为三个方面：以"自由""民主"的抽象价值作为标尺评价制度、政策，凡是不符合这些价值尺度的事物就予以批评、否定。用"理想化"的自由民主制度模式（也就是"理想化"的美国制度模式）衡量中国的制度。在二者的比较中，凡是西方制度有而中国没有的，就是中国需要完善的，凡是中国有而西方制度没有的，往往被理解为中国落后的原因，要尽快革除。按照西方制度演进的历史，设定中国制度的改革路线图。如果中国的制度变革不符合这个路线图，就会被认为是改革"滞后"。在这种情况下，中国特色社会主义集中力量办大事的国家动员型特征自然成为批评的对象。这种话语模式离开了国家治理能力评价一个国家的社会制度和治理体系。它无视中国坚持走自己的道路所取得的举世公认的巨大成就，也无视一些照搬西方制度的原苏东社会主义国家社会发展举步不前的事实。因此,其无法正确评价中国的制度和治理体系。

第三,"自由民主—独裁专制"的西方话语是非历史的,它忽视了有效的国家治理体系的内生性。

任何一种有效的制度都不是凭空产生的,不是人为主观设计的,而是在解决时代问题的过程中产生的。什么是这个时代的问题呢?就是人们在现有制度下,无法调动资源去解决问题,从而出现国家治理能力不足,导致巨大的社会危机。为了应对危机,人们必须提升国家治理能力。而提升国家治理能力,就要变革现有的制度,使其能够更大限度地调动潜在的资源,直到能够解决所面临的问题。在这一过程中,新的国家制度产生,新的国家治理体系也随之形成。这是一个社会制度、一个国家治理体系由其内部逐步生成的过程,即内生的过程。因此,探讨一个国家的制度、国家治理体系,不能离开这个国家在一定时期、一定阶段内所要解决的问题,不能离开其所受到的生产能力和自然资源等条件的制约。

如果从国家治理能力的角度认识中国特色社会主义制度,就会发现,"自由民主—独裁专制"的话语模式存在认识论错误,它是一种非历史的认识方式,忽视了制度生成的真实过程,离开时代问题,离开历史人物所受到的各种制约来思考和评价一个国家的制度及其治理体系。

本文前两部分实际上就是从历史挑战和资源限制的角度梳理中国共产党如何动员人民解决时代问题,以及在这一历史过程中人民当家做主的国家治理体系如何生成,由此揭示其与集中力量办大事的优越性的内在联系。

第四,"自由民主—独裁专制"的话语是西方争夺意识形态领导权的工具,而不是正确认识一个国家的社会制度和治理体系的科学理论。

对于"自由民主—独裁专制"话语功能，持坚决反共立场的美国著名政治家尼克松曾直言不讳地说："在与苏联进行意识形态竞争时，我们有一手好牌。我们的自由和民主价值观在世界各地极有魅力。它们的力量在于它们并不规定人应该如何生活，而只是认为个人与民族应能自由地选择他们的生活方式。虽然不是所有的人都有民主管理自己的能力，但几乎所有人都希望民主。"[1] 但是，对于中国的社会主义制度，他却有另一番认识和评价。1972年，尼克松访华的日程安排中有游览长城。不料，前一天天降大雪，尼克松以为日程一定会被取消。出乎尼克松意料，日程照旧进行。原来，一夜之间，北京市政府紧急动员扫雪，从钓鱼台一直扫到八达岭长城。这时，尼克松看到的不是"独裁"，而是中国惊人的国家动员能力和发展潜力。他在回忆录里写道，"我们必须在今后几十年内在中国还在学习发展它的国家力量和潜力的时候，搞好同中国的关系。否则，我们总有一天要面对世界历史上最可怕的强大敌人。"[2] 意识形态斗争中打的是"自由民主"牌，大国战略纵横捭阖中紧盯的是国家力量。尼克松的这两种态度是非常值得深思的。

人民是历史的创造者。中国特色社会主义制度之所以具有集中力量办大事的优越性，从根本上说，就在于它坚持以人民为中心，坚持人民当家作主，坚持一切为了人民，一切依靠人民，从而激发出人民群众中蕴藏的伟大力量。举国抗击疫情的人民战争再一次证明了这一点。在新时代，中华民族的伟大复兴要进行各种具有新的历史特点的伟大斗争，只要我们坚持以人民为中心的立场，保持党

---

[1] 辛灿主编：《西方政界要人谈和平演变》，新华出版社1989年版，第47—48页。
[2] ［美］理查德·尼克松：《尼克松回忆录（中）》，董乐山等译，世界知识出版社2001年版，第692页。

的先进性，一切为了人民，一切依靠人民，集中力量办大事一定会发挥出其更大的作用，中国特色社会主义制度一定会展现出其更大的优越性。

（梁孝系中国社会科学院马克思主义研究院副研究员）

人民战争是取得抗疫胜利的重要法宝[*]

雷树虎

新冠肺炎疫情全球"大流行",严重威胁着中国和世界人民的生命安全与身体健康。党中央高度重视,始终把人民群众的生命安全和身体健康放在第一位。习近平总书记在关键时刻指出,各级党委和政府要坚决贯彻党中央关于疫情防控各项决策部署,要"紧紧依靠人民群众,坚决把疫情扩散蔓延势头遏制住,坚决打赢疫情防控的人民战争、总体战、阻击战"[①]。人民战争是中国革命、建设和改革的重要法宝,中国的抗疫斗争就是要在党的领导下打一场疫情防控的人民战争。新时代要继承发展党的人民战争理论,将疫情防控人民战争的战略优势转化为国家治理效能,壮大党的群众基础,更好地坚持和发展中国特色社会主义。

一 中国的抗疫斗争是一场人民战争

中国抗击新冠肺炎疫情是一场看不见硝烟的人民战争。在疫情

---

[*] 原载《世界社会主义研究》2020年第8期。
[①] 《以更坚定的信心更顽强的意志更果断的措施 坚决打赢疫情防控的人民战争总体战阻击战》,《人民日报》2020年2月11日第1版。

防控的战场上，没有前方、后方，不分"攻城"和"打援"，人人都是主力，个个都是主角，共同铸就了一道抗击疫情的牢固防线。

（一）中国的抗疫斗争是一场党领导下的护佑人民根本利益的总体战

新冠肺炎传染率极高，并有一定病死率。新冠肺炎疫情全球"大流行"，严重威胁着世界上每个人的生命安全和身体健康。人民安全是国家安全的基石，中国的抗"疫"斗争从一开始就是在党的领导下进行的一场护佑人民生命安全和身体健康、不断完善中国特色社会主义制度的总体战。疫情发生以后，党中央高度重视，习近平总书记亲自指挥。在党中央坚强领导、统一部署、统筹协调下，中央督导组坐镇武汉；全国人民、各行各业、各条战线迅速形成了疫情防控的战线、火线。从社区到医院、从小区到海关、从地方到军营、从乡村到城镇、从企业到机关，我国全面动员、全体参战；户户为营、家家为垒、人人冲锋；举国上下，团结一心、力聚一处，彰显了全民参与、全线战斗、共除病魔的决胜信心。中国的疫情防控战，展现出全体动员、全面出击的总体战态势。

（二）中国的抗疫斗争是一场全民动员、全民参与的阻击战

疫情就是命令，防控就是责任。习近平总书记亲自指挥、亲自部署这场疫情防控的阻击战，"第一位""一盘棋""第一线"，打赢疫情防控阻击战，习近平总书记强调三个"一"。

第一，"要把人民群众生命安全和身体健康放在第一位"。集中患者、集中专家；集中资源、集中救治；生命至上，不漏一人。

第二，"疫情防控要坚持全国一盘棋"。何谓"一盘棋"？习近平总书记提出了三点要求。各级党委和政府必须坚决服从党中央统一指挥、统一协调、统一调度，做到令行禁止；各地区各部门必须增强大局意识和全局观念，坚决服从中央应对疫情工作领导小组及国务院联防联控机制的指挥；各地区各部门采取举措既要考虑本地区本领域防控需要，也要考虑对重点地区、对全国防控的影响。总体来说，"一盘棋"就是全方位的工作，各项工作都要为打赢疫情防控阻击战提供支持。

第三，打赢疫情防控阻击战，"第一线"非常关键。疫情发生以来，习近平总书记多次对疫情防控"第一线"做出指示和部署，要求广大党员干部冲到一线。习近平总书记强调，各级党政领导干部要靠前指挥、强化担当，广大党员干部要冲到一线，守土有责、守土担责、守土尽责，集中精力、心无旁骛地把每一项工作、每一个环节都做到位。"让基层干部把更多精力投入到疫情防控第一线。"[1] 在重大考验面前，更能考察识别干部。要关心关爱广大医务人员，"加大对暴力伤害医务人员的违法行为打击力度"。[2] 同时，还要优先满足一线医护人员和救治病人需要。在习近平总书记和党中央的部署与指挥下，各级党组织负责人和广大党员挺身而出、冲锋在前，奋战在抗击疫情的各条战线上，成为打赢疫情防控阻击战的重要力量。

正如毛泽东同志所说，人民战争"伟力之最深厚的根源，存在于民众之中"[3]。依靠人民战争抗击新冠肺炎疫情，我们经历了迅即应对突发疫情—初步遏制疫情蔓延势头—本土新增病例数逐步下降至个位数—武汉保卫战、湖北保卫战取得决定性胜利—全国疫情防控取得阶段性胜利—全国疫情防控进入常态化的难忘过程，抗疫人民战争取得了重大战略性成就。

---

[1] 《让基层干部把更多精力投入到疫情防控第一线》，《人民日报》2020年2月7日第1版。
[2] 北京市习近平新时代中国特色社会主义思想研究中心：《推动疫情防控形势更加积极向好》，《人民日报》2020年3月5日第9版。
[3] 《毛泽东选集》第2卷，人民出版社1991年版，第511页。

二　人民战争是中国革命、建设和改革的一大法宝，也是抗疫斗争取得胜利的重要法宝

人民战争是新民主主义革命时期中国共产党领导中国人民为推翻帝国主义、封建主义、官僚资本主义三座大山，在长期革命斗争实践过程中形成的战略战术，是新民主主义革命胜利的一大法宝。毛泽东同志明确指出："离开了武装斗争，就没有无产阶级的地位，就没有人民的地位，就没有共产党的地位，就没有革命的胜利。"[①] 在社会主义革命、建设和改革实践中，中国共产党继续发扬这一优良传统，充分发动群众、动员群众、发动人民战争，凝聚人民群众的力量，突出人民群众的主体地位，切实维护人民的根本利益。在人民战争的战略优势下，我国社会主义革命、建设和改革取得辉煌成就。

人民战争之所以是中国革命、建设和改革的一大法宝，就在于人民战争在本质上反映了人民群众的根本利益，是维护人民利益的正义战争；领导这场人民战争的中国共产党代表了最广大人民群众的根本利益，统一了人民群众的意志，取得了最广大人民群众的支持。在当前的抗疫斗争中，以习近平同志为核心的党中央，为了人民群众的健康安全，领导全国人民打了一场特殊时期的人民战争，得到了全国人民的积极响应和支持，这场抗击新冠肺炎疫情的人民战争必将取得全面胜利。

（一）疫情防控人民战争保证了人民的生命安全和身体健康

"世间一切事物中，人是第一个可宝贵的。在共产党领导下，只要有了人，什么人间奇迹也可以造出来。"[②] 人民至上、生命至上，

---

① 《毛泽东选集》第 2 卷，人民出版社 1991 年版，第 610 页。
② 《毛泽东选集》第 4 卷，人民出版社 1991 年版，第 1512 页。

我们不放弃任何一位患者，把疫情的灾难和危害降到最低，确保人民的生命安全和身体健康；一边救治每一位患者，一边严防死守疫情防控；一边防疫、战"疫"，一边适时科学地复工复产、复学复课，始终把人民放在心上。反观海外，据国家卫生健康委员会数据统计，截至2021年10月8日，海外累计确诊23726.2万例，累计死亡病例48.4万。① 与我国疫情防控形成鲜明对比的是西方有些国家提出了所谓的"佛系抗疫""群体免疫"等谬论，出现了"拔掉老人的呼吸机"，为了"选票""股票""钞票"而复工复产等极端漠视生命、极其不人道的做法。究其根本，这些理念和做法就是秉持资本至上的价值立场，牺牲民众生命以确保少数集团的利益，这是对生命的践踏，是对人民主体性的否定，是彻头彻尾的丛林法则、资本逻辑。

（二）疫情防控人民战争得到广大人民群众的积极响应和支持，扩大了党的群众基础

办好中国的事情，关键在党。这场疫情防控斗争是检验党的领导和党的建设成效的一次实战大考、综合大考，也是对党的执政能力和执政水平的实际检验。

第一，党中央的坚强领导，坚定了全国人民战胜疫情的信心。2020年2月4日，习近平总书记在中央政治局常委会上强调，要以坚定的信心、更顽强的意志、更果断的措施，坚决把疫情扩散蔓延势头遏制住。② 在疫情防控中，全国人民坚信一定能打赢这场阻击战。这种信心来源于以习近平同志为核心的党中央的坚强领导，来源于中国特色社会主义制度优势，来源于党和人民应对各种风险挑战的丰富经验；这种信心是打赢疫情防控人民战争的强大精神

---

① 《全球新冠肺炎疫情实时查》，https://feiyan.wecity.qq.com/wuhan/dist/index.html#/。
② 《中共中央政治局常务委员会召开会议 研究当前新冠肺炎疫情防控和稳定经济社会运行重点工作》，http://www.xinhuanet.com/politics/2020-03/04/c_1125663518.htm。

力量。

第二，生命至上，把人民的生命安全和生命健康摆在第一位的原则和理念温暖人心，激发出人民群众积极参与抗"疫"斗争的内生动力。要求居家不出，家家户户都自觉取消春节期间的拜亲访友活动；要求出门佩戴口罩，口罩立即成为中国人的"标配"；党员、干部、公务员、教师、公司职员、大学生等自觉到社区报到，参与社区疫情防控工作中；快递小哥、外卖骑手、出租车司机、餐馆老板等自发组织志愿者队伍，为抗疫一线的医务人员服务。

第三，同舟共济、共克时艰，凝聚了最大民心，坚定了"四个自信"。抗洪救灾、抗击非典、抗震救灾，以及抗击新冠肺炎疫情等一场场重大自然灾害和突发公共卫生事件的应对，在党的坚强领导下，全国人民万众一心、众志成城，全社会上下广泛动员、积极响应、同心同德，汇聚了最大民心，形成了人民战争的合力。疫情防控人民战争使全国各族人民更加坚定了"四个自信"，进一步夯实了党的群众基础。

（三）疫情防控人民战争更加完善了中国特色社会主义制度

坚持和发展中国特色社会主义是改革开放 40 多年来党的全部理论和实践主题。新冠肺炎疫情是新中国成立以来发生的传播速度最快、感染范围最广、防控难度最大的一次重大突发公共卫生事件；这是一次危机，也是一次大考，是对国家治理能力和治理体系的考验。在疫情防控战斗中，习近平总书记特别强调，要完善疫情防控立法，加强相应的法律制度建设，完善处罚程序，强化公共安全保障，构建系统完备、科学规范、运行有效的疫情防控法律体系。党和国家相关部门先后颁布了一系列法律法规，做到依法防控、以法治疫。2020 年 1 月 20 日，国家卫生健康委员会发布 1 号公告，明确将新冠肺炎纳入《中华人民共和国传染病防治法》规定的乙类传染病,并采取甲类传染病的预防、控制措施;建立了中央人民政府层面的多部委协调工作平台的"国务院联防联控机制";第一时间建立和完善了统一决策机制、资源统一调配机制、对口支援机制、疫情排查和疫情防控机制等。疫情防控人民战争的生动实践,进一步完善了中国特色社会主义制度,充分彰显了人民战争重要法宝的作用。

(四)疫情防控人民战争捍卫了中国的国际地位,展示了中国负责任大国的良好形象

疫情威胁着全世界人民的生命安全和身体健康,疫情防控是一场全球阻击战。然而,西方一些国家为了保障极少数利益集团的利益,从资本逻辑出发,秉承丛林法则,消极抗疫,将新冠肺炎疫情"污名化",甚至挑衅他国主权和发动战争,转移国内疫情危机,置世界人民的生命安全和身体健康、疫情防控的全球性和正义性于不顾。相反,中国共产党和中国人民积极加强疫情防控国际合作,不断丰富国际抗"疫"斗争的工具箱,为全球疫情阻击战贡献中国智慧和中国方案。世界卫生组织总干事谭德塞多次肯定、称赞中国:"中方行动速度之快、规模之大,世所罕见……这是中国制度的优势,有关经验值得其他国家借鉴。"[1] "中国为世界争取了时间。""中国获得赞誉实至名归。"据报道,疫情期间世界有150多个国家、300多个国际和政党组织、600多人次致电习近平总书记和中共中央、国务院,赞同中国的抗"疫"斗争,呼吁加强国际合作。习近平总书记指出:打赢疫情防控人民战争,事关人民生命安全和身体健康,事关经济社会大局稳定,"也事关我国对外开放"。[2] 在

---

[1] 《习近平会见世界卫生组织总干事谭德塞》,《人民日报》2020年1月29日第1版。
[2] 《中共中央政治局常务委员会召开会议 研究加强新型冠状病毒感染的肺炎疫情防控工作》,《人民日报》2020年2月4日第1版。

疫情防控常态化下，疫情防控人民战争取得了重大战略性成就和阶段性胜利，捍卫了中国的国际地位，展示了中国负责任大国的良好形象。人民战争是"我们的根本优势，是我们克敌制胜的法宝，过去靠它，现在靠它，将来还是靠它"[①]。

三　将人民战争的战略优势转化为国家治理效能，夺取抗疫斗争的全面胜利

中国特色社会主义进入新时代。面对"百年未有之大变局"，为了进行伟大斗争、建设伟大工程、推进伟大事业、实现伟大梦想和构建人类命运共同体，我们必须将人民战争的战略优势转化为国家治理效能，推进国家治理体系和治理能力现代化，充分发挥好、发展好人民战争这一法宝的应有作用。

（一）将人民战争的战略优势转化为国家治理效能是保障人民根本利益、实现中华民族伟大复兴和构建人类命运共同体的现实需要

"百年未有之大变局"是经济全球化、政治多极化、国际力量多元化进程中形成的全球治理的"大变局"，是世界战略格局正在经历重大调整的"大变局"，是国际话语权再分配、再塑造的"大变局"。一方面，霸权主义、民粹主义、贸易保护主义、强权政治、逆全球化等势力抬头；另一方面，广大发展中国家"弯道超车"，新兴经济体发展态势良好，日益成为世界经济发展中的"引擎"和支撑。据国际经济组织的相关统计，最近几年，新兴经济体对世界经济增长的贡

---

① 《聂荣臻军事文选》，解放军出版社1992年版，第542页。

献率高达60%以上，中国的贡献率也达到30%左右。① 挑战与机遇并存。为了在站起来、富起来的基础上真正强起来，实现中华民族伟大复兴和构建人类命运共同体，我们必须化"危"为"机"，把人民战争的战略优势转化为国家治理效能，推动国家治理能力和治理体系现代化。

（二）党和国家事业与人民根本利益的一致性，是人民战争战略优势转化为国家治理效能的现实基础

中国共产党是中国工人阶级、中国人民和中华民族的先锋队。改革开放是亿万人民自己的事业，是党领导下的事关民族复兴、人民富强、国家兴盛的伟大事业。新时代，我国改革开放事业在经济、政治、文化、社会、生态等领域的建设取得历史性成就，党和国家事业与人民根本利益的一致性，为人民战争战略优势的转化提供了现实依据。

第一，坚实的经济基础。当今，我国是世界第二大经济体、制造业第一大国、货物贸易第一大国、商品消费第二大国、外资流入第二大国，外汇储备连续多年居于世界第一，这些都为人民战争的战略优势转化为国家治理效能提供了坚实的物质基础。

第二，坚强的组织领导和政治保障。在始终坚持中国特色社会主义政治发展道路的前提下，党和国家领导体制日益完善，全面依法治国深入推进，为人民战争的战略优势转化为国家治理效能提供了坚强的政治保障。人民当家作主的制度保障和法治保障更加有力，人权事业全面发展，中国人民焕发出前所未有的积极性、主动性和创造性。

第三，强劲的发展动力。疫情防控人民战争取得重大战略性成

---

① 《德媒分析：中国和亚洲的经济复苏速度超出预期》，https：//news.sina.com.cn/c/2020-04-20/doc-iircuyvh8711541.shtml。

就，全党全国各族人民更加团结、更加自信；更加坚信，在党的坚强领导下，中国人民是不可战胜的；社会主义先进文化的智力支撑，"四个自信"深入人心。这些都为人民战争的战略优势转化为国家治理效能提供了精神动力。此外，良好的国际关系和负责任大国形象也为人民战争的战略优势转化为国家治理效能提供了较好的国际环境。

（三）将人民战争的战略优势转化为治理效能，夺取抗疫斗争全面胜利的现实路径

第一，强化领导力优势，坚持和完善党的领导制度。党的坚强领导力是把人民战争战略优势转化为国家治理效能的根本政治保障。这次疫情防控人民战争正是在党的坚强领导下才得以发动，并取得了重大战略性成就。因此，要把党在疫情防控人民战争中的领导力优势转化为国家治理效能。首先，从不忘初心、牢记使命的制度建构视角来看，要不要发动人民战争、为谁发动人民战争、如何发动人民战争，事关人民群众的根本利益和意愿表达，事关国家前途和民族命运。疫情防控人民战争的实践，丰富和发展了不忘初心、牢记使命制度。其次，疫情防控人民战争进一步完善了维护党中央权威制度、集中统一制度、坚持党的全面领导制度。在疫情防控中，习近平总书记果断决策、亲自部署指挥、领航掌舵；党中央印发了《关于加强党的领导、为打赢疫情防控阻击战提供坚强政治保证的通知》；各级党组织和广大党员把疫情防控作为当前最大的政治，把人民生命安全和身体健康放在第一位，出现了很多"我是党员我先上""火线入党"的先锋模范事例。最后，疫情防控人民战争进一步健全了执政为民制度。在疫情防控中党员干部坚决落实中央部署，力戒形式主义、官僚主义，让党旗高高飘扬在疫情斗争第一线；始终把尊重民意、汇集民智、凝聚民力、改善民生贯穿于抗疫始终，切实做到了立党为公、执政为民。

第二，发挥强大的基础力优势，健全充满活力的基层群众自治制度。"把党的正确主张变为群众的自觉行动，把群众路线贯彻到治国理政全部活动之中。"① 人民战争之所以是重要法宝就在于走群众路线，发动群众。首先，在党的坚强领导下群防群治，增强医院诊治能力、发挥社区治理功能，成功遏制了疫情扩散蔓延的势头。一方面，军队和地方的医务"逆行者"们坚定地战斗在抗"疫"前线，与此同时，全国绝大多数人居家防疫配合疫情防控；另一方面，社区工作者坚守在社区防疫的主战场，与此同时，全国各地捐赠物资被源源不断地运向湖北。其次，依法防疫抗疫，着力推动基层治理制度化、规范化、程序化。疫情防控依法依规进行，坚决依法惩治违反疫情防控的违法犯罪行为。

第三，统筹兼顾，发挥合力制胜的优势，坚持和完善共建、共治、共享的社会治理制度。统筹兼顾就是要总揽全局、协调各方，形成合力。在2020年疫情防控的关键时刻，中共中央召开了"统筹推进新冠肺炎防控和经济社会发展工作部署会议"，分析研判疫情形势，统筹部署疫情防控和经济社会发展，充分发挥疫情防控人民战争的制胜战斗力，健全和完善公共安全体制机制、社会治安防控体系和基层社会治理体系等，推动共建、共治、共享社会治理制度的健全和完善。首先，坚决打好湖北保卫战、武汉保卫战，全力做好北京疫情防控工作。中央督导组坐镇武汉指挥，全国4.2万余名医护人员、380多支医疗队第一时间赶赴湖北、紧急驰援；19个省份开展对口支援，"一省包一市""一方有难、八方支援"。其次，科学调配医疗力量和重要物资，加快科技研发攻关。再次，各

---

① 《习近平谈治国理政》第1卷，外文出版社2018年版，第27页。

级政府积极完善疫情信息发布,新闻媒体对党中央重大决策部署的宣传解读权威、及时、有效;及时披露疫情信息,合力抗疫;对西方国家污名化、疫情政治化等恶意攻击,予以坚决、有力的回击和及时有效的应对。

第四,凸显科技取胜优势,完善科技创新体制机制。纵观人类发展史,人类同疾病较量最有力的武器就是科学技术,人类战胜大灾大疫离不开科学发展和技术创新。首先,疫情发生以后,全国科技战线积极响应党中央号召,科技、卫健等多部门联合攻关,在较短时间内建构了多个动物模型,为药物、疫苗研发提供了重要支撑。其次,疫苗研发取得了突破性进展并占世界领先地位。最后,中、西医结合抗击疫情,取得重大突破和成效。2020年3月,中国国际电视台(CGTN)"全球疫情会诊室"举行了多场中、西医结合以及中医药专场的经验交流会。奋战在抗"疫"一线的中国专家和来自加拿大、英国、巴基斯坦、印度等国的专家在会上充分交流。专家们充分论证和肯定了中医药能够促进轻症患者痊愈、有效降低轻症患者转重症和危重症的概率,缩短和提高了重症和危重症患者病程以及治愈率。同时,也论证和肯定了针灸对于缓解患者情绪、镇定安神方面的作用。此外,专家学者还及时发声、答疑解惑、稳定人心、坚定信心,为打赢疫情防控人民战争提供了科技支撑。疫情防控中凸显的科技取胜优势,为加快建设创新型国家、强化国家战略科技力量、健全国家实验室体系等提供了实践基础和理论积淀。

第五,加强国际合作,彰显人类卫生健康共同体的价值引领优势。2020年5月18日,习近平总书记在第73届世界卫生大会视频会议开幕式上的致辞中向全世界呼吁:"让我们携起手来,共同护佑各国人民的生命和健康、共同护佑人类共同的地球家园、共同建构卫生健康共同体。"① 当前，疫情还在全球肆虐、蔓延，每天都有许多鲜活的生命离我们而去，人类又一次站在了何去何从的十字路口。是坚持科学理性，还是狭隘、偏执地制造政治分歧？是加强团结、合作、共赢，还是"脱钩"、单边主义、霸权主义？疫情是人类发展面临的自然灾害，但是，如何抗疫、怎样抗疫、为谁抗"疫"则具有明显的立场和价值属性。

疫情发生以来，中国人民始终主张各国应为人类的全体命运和子孙后代福祉做出正确选择，秉承人类命运共同体理念，齐心协力、守望相助、携手应对，坚决遏制疫情蔓延势头，坚决打赢疫情防控阻击战，护佑世界和人民康宁。中国人民也始终铭记和感谢世界其他国家给予中国的慰问和支持、捐赠和紧急贷款等。中国将始终同国际社会开展交流合作，分享疫情信息、开展科研合作、提供人道主义援助，坚决反对将疫情污名化和政治化，为全球抗"疫"贡献中国智慧、中国力量。

（雷树虎系北京第二外国语学院马克思主义学院讲师）

---

① 《习近平在第73届世界卫生大会视频会议开幕式上致辞》，人民网，http：//cpc.people.com.cn/n1/2020/0518/c64094-31713804.html。

新冠肺炎疫情与世界社会主义的发展机遇[*]

柴尚金

在新冠肺炎疫情全球流行和大国竞争博弈等因素的影响下,当今世界不同价值观和制度文明的冲突趋于激烈,深刻重塑世界政治生态和国际竞争格局,世界社会主义在后疫情时代或将迎来一个不同以往的发展"窗口期"。

一 美西方遭疫情重挫,内外矛盾集中爆发,制度衰退进入快车道

(一)疫情政治化,美西方政治极化,社会分裂加剧

随着疫情蔓延,美国种族矛盾再度激化。美国共和党和民主党为谋取选票,将疫情作为攻击政治对手的武器,特朗普右翼民粹主义路线加剧美国政治极化和种族分裂。哪里有压迫,哪里就有反抗。因黑人弗洛伊德被白人警察过度执法致死,全美掀起一场声势浩大的反种族歧视的抗议活动,许多城市发生打砸抢烧,一片狼

---

[*] 原载《世界社会主义研究》2020年第9期。

籍。抗议迅速波及欧洲，引发人们对西方殖民历史与文化的反思。面对疫情泛滥和暴力抗议交织的局面，政党党同伐异，朝野博弈加剧政治极化。值得注意的是，美国这次抗议风暴中出现的 ANTIFA（反法西斯行动）极左翼思潮与排外仇外的极右翼民粹情绪，都带有暴力反体制、反精英政治的色彩，要求制度变革成为普遍呼声。左翼民粹和右翼民粹相互刺激，新媒体推波助澜，加之工会、社团等民意代言者的作用弱化，社会纠偏机制失灵，美国正陷于百年未有之大分裂。

（二）政府效率低下，美西方疫情失控、经济衰退，贫富悬殊进一步拉大

面对疫情危机，特朗普"甩锅"卸责，民主党热衷"作秀"，任由疫情野火般肆虐，成千上万被特朗普视为"低等生命"的老者、穷人、非裔、拉美裔因无足够的防疫物资和医疗条件而失去生命。美西方国家政治极化、经济不平等加剧，西方民主制度越来越难以适应当今时代发展的需要，民众对国家制度运转和治理能力的失望和不满情绪上涨。短短几个月内，美西方国家陷入1929年"大萧条"以来最严重的经济衰退，失业率剧增，穷人更穷，社会底层怒火正炽。这场反对白人警察暴力执法的抗议运动与西方经济萎靡衰退相互交织，将引发一场更大范围、更深层次、更为持续的社会动荡，对西方制度模式产生深远影响。

（三）美西方价值观失色，疫情将"自由女神"拉下神坛

新冠肺炎疫情不仅暴露出西方治理能力的无效，而且将其民主自由人权的道义标杆打落地面，西方引以为豪的普世价值加速崩塌。非裔病死率远高于白人，穷人病死率远高于富人。"吹哨人"因言获罪，许多医务人员因曝光抗疫医疗物资短缺而被解雇，"罗斯福"号航母的舰长布雷特·克罗泽因为一封拯救数千生命的信件

被撤职。血淋淋的事实无情撕掉了美西方自诩的"自由民主灯塔""种族平等""多元文化"的遮羞布。美西方应对疫情一错再错的表现击穿了西方民主优越论，西方政府权威不足、效率和动员力低下等弱点暴露无遗。美两党强调个人自由高于集体安全，将抗疫问题政治化、民粹化，关心选票股票远胜于关心民众生命。政府指导抗疫完全偏离拯救生命的方向，是造成千万人染疫、数十万人丧生的罪魁祸首。最近，在美西方反种族歧视抗议中，涌起一股肃清殖民历史象征、挑战西方法治秩序的"文化革命"浪潮。"文化革命"以"进步主义"为旗帜，反西方中心论的色彩明显，其发展壮大将有损于美国国力、形象和软实力，严重冲击西方制度模式，西方文化与制度自信面临空前挑战。

二　科技创新改变各国综合国力对比，意识形态博弈重构两制关系格局，"东升西降"之势不可阻挡

（一）世界工业制造、新兴产业、科技人才加快"东移"

在这次全球性抗击新冠肺炎疫情的大战中，智能技术和电子商务等新技术发挥了重要作用，绿色、健康、智能、共享等理念深入人心，数字经济、绿色经济、非接触经济、共享经济将成为新的增长点。事实证明，以5G技术、人工智能、云计算、大数据、物联网、区块链等为代表的新技术的广泛应用和创新融合，不断创造出新需求、新产业、新业态，推动生产力不断提升，也从根本上改变了国家间的实力对比。中国智能机器人、电子商务、移动支付、5G等新技术、新产业领先全球，与发达国家之间的科技鸿沟、数字鸿沟将逐渐缩小，世界制造业、金融业、科技创新乃至人才等加快"东移"，这些新变化将加快经济全球化格局升级换代，助推"东升西降"。

（二）变化的中美关系将重构"两制关系"格局

以 2018 年时任美国总统特朗普发布的国情咨文将中国定义为"战略竞争对手"为标志，中美关系发生深刻变化，两国关系中的意识形态因素显著上升。在美国极端主义者看来，中美经贸摩擦实际上是不同意识形态和不同文明之间的战争。美国国务院政策规划事务主任斯金纳声称，美中博弈不是国家间的，而是一场长期的"有关信仰、意识形态和文明之间的较量"，"是一场与一种完全不同的文明和不同的意识形态的斗争"。①疫情发生后，西方舆论对中国全面污名化，法律上鼓动滥诉，政治上推动"反华"提案。美国还以所谓相同价值观为幌子，推动七国集团和澳、韩、印组建所谓"民主国家俱乐部"，拉帮结派，将其盟友重新整合在"反华"大旗之下，全力拼凑意识形态和价值观"反华"联盟。为了保护自由主义和西方资本主义，抵消东方软硬实力崛起的冲击，美国对中国全面发起意识形态攻势。中美意识形态和制度博弈是影响社会主义与资本主义两制关系向何处去的最大变数。

（三）国际体系固有矛盾加剧，"东升西降"趋势加速

从历史上看，瘟疫大流行会影响人类社会发展轨迹。这次新冠肺炎疫情的突然暴发重挫美西方大国。而中美博弈对大国实力消长及世界格局调整都将产生深远影响。特朗普上台后，"毁约退群"，大搞单边主义和霸凌政治，美国对外感召力、同盟体系凝聚力、国际行动力及国际形象持续走低。疫情初期，美国截留运往德国、法国的口罩，从当时疫情严重的意大利擅自运走病毒检测试剂盒，并对德国"北溪—2"天然气管道项目进行制裁。特朗普奉行美国优先政策，其践踏盟友伙伴利益、以邻为壑的行径引发众怒。"在欧

---

① 《外媒：美官员兜售中美"文明冲突"论调遭批驳》，《参考消息》2019 年 5 月 6 日。

洲急需援助之际，美国的所作所为让欧洲盟友寒心。"① 西方同盟关系出现裂缝，不再是铁板一块。

美国疫情应对失策，导致感染数和死亡数均列世界第一；中国快速控制了疫情，及时有序复工复产，保持社会稳定。中国提出的人类命运共同体与美国奉行的"美国优先主义"，东方之治与西方之乱在新冠肺炎疫情肆虐全球时形成鲜明对比，高下立判。西方制度从举世"心仪"到众人"质疑"，"东升西降"已成历史大趋势。全球抗疫斗争是对各国政治制度优劣、政府组织力和动员力及效率的试金石。许多发展中国家对中美力量对比和战略博弈的认识更加清晰，对中美关系发展趋势有了自己的判断，自然会顺势而为，中国的"朋友圈"亦将不断壮大。

三　疫情危机是社会主义优势的试金石，世界社会主义发展势头向好

(一)"社会主义"之风劲吹欧美

美国自称为自由民主"灯塔"，但始终把社会主义视为"洪水猛兽"，穷尽各种手段进行打压，这让社会主义在美国长时间处于蛰伏状态。甚至有人鼓吹美国"例外论"，称美国不可能出现社会主义。然而这次疫情危机，点燃了美国"社会主义"星星之火。黑人弗洛伊德之死引发了全美反压迫、求正义的抗议浪潮，"社会主义"成为争人权、求变革的斗争旗帜。美国许多左翼民粹分子为了同"精英政治"划清界限，也自称为社会主义者。与美国建国"英雄"雕像被毁形成对照的是，苏维埃政权的创建者——列宁的

---

① 任彦、李志伟:《欧美关系裂痕持续加深》,《人民日报》2020年7月3日第16版。

塑像被抗议者竖立街头。美国民主党参议员伯尼·桑德斯明确反对代表富人利益的共和党，主张改革民主党使其"重新成为工人、老人和穷人的基层党"，其本人也因极左翼的主张被认为是美国的"社会主义"旗手。桑德斯的"社会主义"在美国掀起一股旋风，成为民主党吸引选票的"金字招牌"。事实表明，社会主义有顽强的生命力，美国不可能孤立于"社会主义"之外。

（二）疫情危机彰显了社会主义制度优势

中国在这次疫情防控中的突出表现，受到各国共产党和左翼人士的普遍肯定和赞扬，认为这是中国特色社会主义制度优势的一次充分展现。许多国家共产党领导人撰文指出，共产党珍惜每个人的生命价值，特别重视对劳动人民人身权利的保障，重视发挥政府在危机中的作用，这样的价值观既具有道义性和正确性，也体现了社会主义的优势。资本主义的天性是唯利是图，无论应对经济危机还是防控疫情，均采取劫贫济富、转嫁矛盾的办法，结果是贫者愈贫、富者更富，社会矛盾更加尖锐突出。美西方国家的抗疫不是以人民为中心，而是以资本的利益和政党选票为中心，有钱人能得到优先救治，最后失去生命的大部分是老人和穷人。而中国、古巴等社会主义国家重视人的生命安全以及人类整体福祉，不仅全力救助本国民众，而且超越社会制度差异，向所有需要帮助的国家提供援助与支持，赢得了举世称赞，社会主义制度优势得到越来越多人的认同。

（三）中国抗疫成功强化了世界社会主义力量的向心力

新冠肺炎疫情发生后，在党中央的坚强领导下，全党全军全国各族人民万众一心，统一行动，筑起了阻遏疫情的"钢铁长城"，在较短时间内控制了疫情蔓延。中国不但把自己的损失降到最低，同时也为国际社会应对更大规模的疫情冲击赢得了极为宝贵的备战时间，提供了有益的经验，赢得了国际社会的认可和赞许。尽管美西方一些政客疯狂抹黑攻击中国，但事实胜于雄辩，公道自在人心，中国作为负责任的大国形象受到越来越多国家的认可。各国共产党和左翼人士在意识形态方面对中国有天然的亲近感，纷纷声援中国抗疫行动，赞赏中国的抗疫举措和成就，坚信中国将成为世界社会主义的中流砥柱。乌拉圭共产党总书记卡斯蒂略表示，中国抗击疫情和保障民生成效显著，进一步坚定了拉美共产党人走社会主义道路的信心。许多共产党和左翼人士一致认为，应让团结互助战胜自私自利，让社会主义理念战胜资本主义市场教条。

四 顺应时代潮流，抓住有利时机，推动世界社会主义振兴前行

（一）重视国际意识形态斗争，打赢国际话语权争夺战

百年大变局引发不同文明和不同思想文化相互激荡。社会主义国家和资本主义国家、发展中国家和发达国家、新兴大国和传统大国之间，围绕发展道路和发展模式展开激烈较量，其中充满了不同价值观念和不同社会制度之争。西方国家虽遭疫情危机重创，但敌视社会主义的本性并未改变，反而表现得更加露骨，左翼力量不断遭到右翼势力的打压和围攻。美国不仅发动贸易战、科技战、人才战，全方位对中国崛起进行遏制打压，还挥舞自由民主人权大棒，利用网络舆论丑化中国，竭力渲染中国制度威胁。我们要高举人类命运共同体的思想旗帜，以团结、合作、进步的正义之剑回击各种对社会主义、对中国的污蔑与攻击，以更强的制度优势、文化自信和集体意志，推进世界社会主义从低谷走向复兴。

（二）凝聚进步力量，建立广泛的反对美国霸权主义的统一战线

当今世界，"治理赤字""发展陷阱"此起彼伏，贫富分化、

恐怖主义、气候变化等问题层出不穷，经济危机、公共卫生危机不断向社会文化等领域渗透。随着后疫情时代的到来，社会主义和资本主义两种思想、两条道路的斗争将更加激烈，我们要以人类命运共同体理念为指导，加强共产党与各种左翼力量及新兴社会运动之间的团结与合作，将各种反资本主义力量团结起来，形成合力，建立一个替代资本主义的广泛阵线。各种新兴社会运动在反对新自由主义及其全球化的斗争中，自觉地融入反资本主义、推动世界进步的斗争中，不仅为共产党扩大生存和发展空间提供机遇，也是共产党可以借重和合作的重要力量。

（三）发挥中国特色社会主义引领作用，努力探寻世界社会主义未来的发展与复兴之路

中美博弈本质上是两种文明的竞争，将对世界未来产生深刻影响。尽管博弈中我们占据时、势、义的优势，但应看到，西方制度的衰落是一个长期过程，可能出现反复。西方制度的落幕与世界社会主义的复兴、崛起相关，关键在于社会主义自身力量的提升与壮大。和平发展、合作共赢和构建人类命运共同体的时代潮流，为世界社会主义力量发展壮大提供了难得机遇，社会主义的前途和命运同人类文明进步的时代潮流和当今世界大变局紧密联系在一起。察势者智，驭势者赢。在西方分裂、美国之乱的复杂背景下，能否抓住当前世界社会主义发展"窗口期"，主要在于世界左翼和进步力量的应对，特别是中国特色社会主义制度优势的充分展现。只有契合各国人民的共同期盼，顺应当今时代发展潮流，充分发挥中国特色社会主义的引领作用，才有可能从低潮中探索一条世界社会主义发展与振兴之路。

（柴尚金系中联部当代世界研究中心研究员、天津科技大学特聘教授）

新冠肺炎疫情防控视域下当代世界社会主义的新特点[*]

林建华

新冠肺炎疫情突如其来,扩散蔓延至今且已成燎原之势,目前还看不到终结之时。这既是全球公共卫生安全事件,也是中国公共卫生安全事件。在全球抗疫的背景下,2020年6月,《习近平谈治国理政》第三卷中英文版出版。《习近平谈治国理政》第三卷为我们推进新时代治国理政的伟大实践、夺取抗疫斗争的最后胜利提供了行动指南,其中关于世界社会主义的重要论述,为我们在世界经历百年未有之大变局下预判、研判国际共产主义运动的新态势、新格局、新特点提供了指导原则和方向。

一 不同社会制度国家应对新冠肺炎疫情实效的对照和反差

新冠肺炎疫情防控对世界各国都是一场大考,大考引发思考。我们不期而遇一个全新的历史分界线——新冠肺炎疫情前时代

---

[*] 原载《世界社会主义研究》2020年第9期。

和新冠肺炎疫情后时代。今天，世人所关注的最重要的事情是什么？全球各国的新冠肺炎确诊人数、死亡人数。对于普通民众而言，新冠肺炎是什么？它从哪里来？它到哪里去？这是一个科学问题。对于各国执政者而言，面对新冠肺炎疫情的泛滥肆虐，如何以更坚定的信心、更顽强的意志、更果断的措施，坚决打赢疫情防控的人民战争、总体战、阻击战，这不仅是一个科学问题，更是一个政治问题。在新冠肺炎疫情防控上，如何提升治愈率、降低死亡率，这是对中国特色社会主义制度、国家治理体系和治理能力的大考、检验，也是对世界各国乃至全球治理体系、治理能力的大考、检验。2020年3月17日，《纽约时报》专栏作家、《世界是平的》一书作者托马斯·弗里德曼在其发表的题为《全新的历史分界线——新冠肺炎疫情前时代和新冠肺炎疫情后时代》的文章中认为，现在没有什么事情比疫情更重要，疫情发生世界就不一样了，我们现在进入了新冠肺炎疫情后时代。新冠肺炎疫情前时代和新冠肺炎疫情后时代，就如同公元前和公元后的历史分界线的意义一样，就如同斯塔夫里阿诺斯在其《全球通史》一书中把1500年作为全球化之前的世界和全球化之后的世界的历史分界线的意义一样。

全球范围内新冠肺炎疫情防控的巨大反差是否体现了"东升西降""社升资降"，这需要进一步总结、概括。但是，它的确反映了中国之治、西方之乱、世界之变，这是无可争辩的事实。最令人瞩目、令人困惑的是美国。美国深陷新冠肺炎疫情，已然是全球最严重的疫区，在可预期的未来相当长时间里恐怕难有根本性好转。美国抗疫不力，不仅没有刀刃向内的自省、主动、改进，反而刻意"甩锅"、卸责、放任，其社会政治制度的痼疾暴露得淋漓尽致。在2020年7月15日的记者会上，美国国务卿蓬佩奥污蔑中国、污蔑中国共产党，叫嚣中国是"帝国主义"，这真是匪夷所思。同时，《纽约时报》披露，美国政府正在商讨禁止所有中共党员及其家属赴美旅行的动议，这真是荒唐至极。无论这一新闻是真是假，令人深思的问题是，美国的执政者或别有用心的人是否了解中国共产党。据中组部统计，截至2021年6月5日中国共产党拥有9514.8万名党员、468.4万个党的基层组织。如何评估中共党员及其家属在中国社会中的分量？这绝不仅是个单纯用数字就可以说明的问题。无论是从国家的角度还是从人民的角度来看，中共党员融入其中的深度都是无法用西方政治学的词汇描述的。把矛头指向执政的中国共产党和中国的政治体制、社会主义制度，遏制中国的发展、壮大，美国政客和媒介的做派恰恰从一个极其重要的方面体现了美国帝国主义的本真面目。

迄今，全球新冠肺炎累计确诊病例早已突破2亿3千万，死亡人数则已突破48万。美国、巴西、印度的新冠肺炎累计确诊病例都是千万量级，巴西突破了2100万，印度突破了3300万，美国则突破了4400万。[1] 急于重启经济、仓促复工、防控措施不到位等，是其疫情加速蔓延的主要原因。中国社会科学院马克思主义研究院组织编写的"国际共运黄皮书"第二卷《国际共产主义运动发展报告（2019—2020）》（以下简称"国际共运黄皮书"第二卷）在对全球新冠肺炎疫情防控进行了跟踪研究之后指出，中国等社会主义国家和美国等资本主义国家在疫情管控、医疗保障方面差异凸显、优劣分明，疫情的蔓延泛滥也进一步证实了推动构建人类命运共同体的重要性、必要性和紧迫性。总之，是坚持放任病毒散播、经济至上，还是坚持人民至上、生命至上，两个主义、两条道路、

---

[1] 上述新冠肺炎确诊病例和死亡人数系2021年10月统计结果。

两种制度在应对新冠肺炎疫情中这两种截然不同的态势和结果，令人深思。

二 中国特色社会主义在世界社会主义历史进程中的坐标

党的十九大报告指出："经过长期努力，中国特色社会主义进入了新时代，这是我国发展新的历史方位。"这是一种重大政治判断。党的十九大报告还指出："我们必须认识到，这个新时代是中国特色社会主义新时代，而不是别的什么新时代。"[①] 中国特色社会主义进入新时代，在中华人民共和国发展史上、中华民族发展史上具有重大意义，在世界社会主义发展史上、人类社会发展史上也具有重大意义。

中国特色社会主义从哪里来？向何处去？中国特色社会主义不是从天上掉下来的。就中国的维度而言，它是携带着中华文明5000多年、近代中国社会180年、中国共产党近100年、中华人民共和国70多年、改革开放40多年的深厚积淀和丰硕成果而不懈前行的。中国特色社会主义进入新时代，则意味着近代以来久经磨难的中华民族迎来了从站起来、富起来到强起来的伟大飞跃，迎来了实现中华民族伟大复兴的光明前景。就世界的维度而言，习近平总书记提出世界社会主义500年6个时间段的新论，中国特色社会主义是世界社会主义发展500多年特别是科学社会主义创立170多年所取得的最新、最伟大的成就。中国特色社会主义进入新时代，则意味着科学社会主义在21世纪的中国焕发出强大的生机和活力，在

[①] 习近平：《决胜全面建成小康社会 夺取新时代中国特色社会主义伟大胜利——在中国共产党第十九次全国代表大会上的报告》，《人民日报》2017年10月28日第1版。

世界上高高举起了中国特色社会主义伟大旗帜；意味着中国特色社会主义道路、理论、制度、文化不断发展，拓展了发展中国家走向现代化的途径，给世界上那些既希望加快发展又希望保持自身独立性的国家和民族提供了全新选择，为解决人类问题贡献了中国智慧和中国方案。就问题的维度而言，中国特色社会主义是在对中国的社会主义与世界的资本主义、中国的社会主义与世界的社会主义、中国社会主义的现实性与未来共产主义的理想性之间关系或矛盾认知的突围和突破中形成和发展起来的，新时代中国特色社会主义则是在对这三重关系或矛盾认知的深化和升华中实现创新和超越的。中国特色社会主义进入新时代，意味着世界社会主义历史进程全新的时间段的开启，这也是中国特色社会主义在世界社会主义历史进程中的崭新坐标。

30多年前东欧剧变、苏联解体，世界社会主义运动遭到严重挫折。如何评价资本主义制度和社会主义制度及其命运，成为东西方理论界普遍关注的现实问题，"历史终结论"颇有市场。"历史终结论"认为，东欧剧变、苏联解体标志着冷战的结束，同时也标志着共产主义的终结；历史的发展只有一条路，即西方的市场经济和民主政治。"历史终结论"认为，人类社会的发展史，就是一部以自由民主制度为方向的人类普遍史；自由民主制度是人类意识形态发展的终点和人类最后一种统治形式。30多年来，在总结、汲取经验教训的基础上，中国等国家对社会主义的坚持、发展及其成就，铸成世界社会主义发展史上、人类社会发展史上一道独特而亮丽的风景，宣告了"历史终结论"的终结。30多年后，面对新冠肺炎疫情的大战和大考，疫情防控的"西方之乱"成为资本主义的沉疴，其根源就在于资本主义制度和治理体系本身出了问题。"国际共运黄皮书"第二卷指出，世界各国共产党结合疫情蔓延、泛滥对资本主义制度进行了批判,重视环境、保护生态平衡的各种社会主义思潮和左翼党派也得到了更多的关注。与此形成对照的是,中国之制、中国之治的显著优势举世称颂,中国之智、中国之志的显著成效举世瞩目。其他社会主义国家在抗疫中也同样交出了一份合格答卷。

"天下之势不盛则衰,天下之治不进则退。"美国等西方国家对中国的敌视和遏制是有深层次原因的,这就是它们始终把中国的发展、壮大视为对资本主义道路和制度的挑战。从科学社会主义创立至今,社会主义和资本主义两条道路、两种制度的斗争一刻也没有停止过,绝不是今天才有的。我们必须深刻认识两条道路、两种制度斗争的长期性、复杂性、尖锐性。"国际共运黄皮书"第二卷举例指出,今天,在欧盟内部,两种意识形态之间那道无形的幕墙越来越沉重。

无论是中国特色社会主义在世界社会主义历史进程中的坐标,还是中国特色社会主义在两个主义、两条道路、两种制度斗争和共处中的坐标,通过这次抗击新冠肺炎疫情的旷世之举,都清晰地昭示了新时代中国特色社会主义的进步性、优越性、生命力和影响力。

三 世界社会主义发展的历史进程及其阶段性特征

世界社会主义从哪里来,向何处去?世界社会主义发展的链条是如何延伸的?概括地说,就是从空想到科学、从理论到制度、从一国到多国、从初步探索改革到全面深化改革的过程。

早在1880年,恩格斯把《反杜林论》中的"概论"和第三篇的第一章、第二章改编为一篇新文章，即《社会主义从空想到科学的发展》。恩格斯在《社会主义从空想到科学的发展》中精辟阐述了马克思主义三个最主要组成部分之间的内在联系，指出唯物主义历史观和剩余价值学说的发现使社会主义从空想变成了科学。

关于社会主义从理论到制度的发展，也有人把它概括为"从理论到现实或实践"，实际上"从理论到制度"更为准确。1847年6月共产主义者同盟的成立、1848年2月《共产党宣言》的发表和1917年俄国十月革命的胜利是社会主义发展进程中的历史性事件，具有里程碑意义。共产主义者同盟建立、《共产党宣言》发表时，共产主义还是在欧洲游荡的"幽灵"，70年后社会主义已在世界东方的俄国变成了现实的制度。其间，1871年3月18日爆发了巴黎公社革命，3月28日建立了人类社会发展史上、世界社会主义发展史上第一个无产阶级专政的国家机器——巴黎公社。巴黎公社虽然只存在了短短的72天，却是新社会的理想在与旧制度的长期撞击中必然发生的骤变，其伟大意义在于：它是无产阶级推翻资产阶级统治、建立无产阶级专政的伟大尝试，是把人类从阶级社会解放出来的社会革命的曙光。1917年10月，巴黎公社的初现曙光升腾为苏维埃俄国的满天霞光。

社会主义从一国到多国的发展，先是经历了一个短暂的多国时期，后是经历了一个较长的多国时期。在20世纪的第二个10年，在苏维埃俄国之外建立了4个无产阶级政权，即存在了不到100天的芬兰社会主义工人共和国（1918年1月27日至5月4日），存在了133天的匈牙利苏维埃共和国（1919年3月21日至8月1日），存在了23天的巴伐利亚苏维埃共和国（1919年4月7日至5月1日），存在了14天的斯洛伐克苏维埃共和国（1919年6月16日至30日）。在20世纪第三个10年的1923年，德国、保加利亚、波兰等国在共产党领导下相继爆发了无产阶级革命，建立了工农政权，但它们同样在资产阶级残酷镇压下遭到失败。这一时期，只有 1924 年成立的蒙古人民共和国延续下来。在第二次世界大战结束前后一直到 20 世纪 70 年代中期，欧亚美 14 个国家先后建立了社会主义制度、开展了社会主义建设，加上苏联和蒙古，一共是 16 个社会主义国家。这一状况持续到 20 世纪 80 年代末 90 年代初东欧剧变、苏联解体。

社会主义从初步探索改革到全面深化改革的发展，是世界社会主义发展历史进程的第四个大的阶段，也是新的阶段。一部世界社会主义史，实际上就是建党、夺权、建设三部曲：建党就是建立、建设共产主义政党，夺权就是共产主义政党取得政权、建设政权，建设就是社会主义建设、改革。列宁把建设社会主义比作攀登一座崎岖险阻、未经勘察、人迹罕至的高山。这就是说，建设社会主义是没有现成的路可走的。鲁迅说过：什么是路？就是从没路的地方践踏出来的，从只有荆棘的地方开辟出来的。习近平总书记曾引用鲁迅这句话来描述开辟中国特色社会主义道路的极其不易，以及毫不动摇坚持中国特色社会主义道路的新时代意义。社会主义建设注定是一个艰难曲折的探索历程、改革历程。社会主义从初步探索改革到全面深化改革的发展，既有过从初步探索改革到难以为继的夭折历程，如 20 世纪 40 年代末开始直至五六十年代，尤其令世人瞩目的东欧各国和苏联的改革；也有过从初步探索改革到剧变的迷向、改向的逆转历程，如 20 世纪 80 年代末 90 年代初东欧剧变、苏联解体；更有从初步探索改革到全面深化改革的负重奋进、破浪前行，如从 1978 年开始的中国 40 余年的改革开放以及其他社会主义国家的革新和发展，特别是中国共产党人把改革开放引入全面深化改革，并提出将改革进行到底，把中国特色社会主义推进到新时代。全面深化改革是社会主义建设、改革的新的自由和主动,在世界社会主义发展史和马克思主义发展史上都具有里程碑意义。"国际共运黄皮书"第二卷指出,在当今世界正经历百年未有之大变局的背景下,国际共产主义运动也处于新格局的形成过程中。在中国特色社会主义新时代,正团结带领中国人民致力于实现中华民族伟大复兴的中国共产党,继续为世界社会主义运动的发展做出新的更大的贡献。就此而论,社会主义从初步探索改革到全面深化改革或从改革到再改革的发展,既是世界社会主义发展的新态势,也是中国共产党和新时代中国特色社会主义的新贡献。

(林建华系中国社会科学院马克思主义研究院副院长、教授)

为推动构建人类命运共同体
持续贡献中国力量

任晶晶

突如其来的新冠肺炎疫情不仅是一次重大全球性公共卫生灾难，也是一场全球治理危机，考验了世界各国的制度韧性、治理能力和治理水平。当前，疫情仍在全球蔓延，严重威胁世界各国人民的生命和健康，冲击全球政治经济格局。因此，共同维护地区和全球公共卫生安全十分迫切，加强全球公共卫生治理合作势在必行。中国积极推动开展全球抗疫合作，同国际社会分享抗疫经验，支援相关国家开展抗疫斗争，彰显了负责任的大国形象，为构建人类命运共同体作出了实实在在的贡献。

一　加强全球公共卫生治理合作

自疫情发生以来，中国政府始终与国际社会保持密切沟通，通过自身艰苦努力，为国际社会防控疫情争取了时间、积累了经验。疫情发生后，中国本着公开、透明及对全球公共卫生安全和人民健康高度负责的精神，第一时间同世界卫生组织分享病毒基因序列信息，及时向有关国家和地区通报疫情信息，推动地区和全球联防联控，努力阻止疫情扩散蔓延，树立了在重大突发国际公共卫生事件中主权国家与世卫组织合作的典范。

（一）倡导树立全球治理的抗疫理念

人类的历史就是一部不断同传染病进行抗争的历史。进入21世纪，随着国际社会交往的显著增加和国际间人员流动速度的不断加快，疾病的传播速度显著提升，传染病对人类健康造成的威胁也在与日俱增。SARS、H1N1流感、埃博拉病毒疫情、中东呼吸道综合征等不断出现并成为全球公共卫生事件。美国学者约瑟夫·奈曾经指出，"在历史上，天花病毒征服所有人居住的大陆，差不多用了3000年的时间，最后才在1775年到达与大陆隔海相望的澳洲。艾滋病则用了不到30年的时间，就从非洲传播到了全世界"。今天，一种新型传染病可以以远快于当年艾滋病传播的速度在世界各国之间传播蔓延。新冠肺炎疫情的暴发凸显了全球化时代病毒细菌等影响人类健康的生物物质扩散传播对人类生活可能造成的重大影响和危害。

面对突如其来的公共卫生危机，没有任何一个国家能够置身事外，加强国际合作是应对此类危机的唯一正确途径。可是，有些国家在疫情期间仍然坚持零和思维，将公共卫生危机作为国际政治斗争的手段，希望借此来削弱其他国家。事实证明，这种行为无异于搬起石头砸自己的脚，不但无助于遏制疫情在全球扩散蔓延，还最终导致本国国内疫情大暴发，给本国人民的生命安全造成了重大损失。

此次疫情危机表明，全球治理非但没有过时，反而需要进一步加强。从理论上讲，全球治理是一个不断进化的正式的或非正式的政策协调体系，涵盖了从本地到全球的多重层次，包含了寻求实现共同目标或解决共同问题的公共权威和私人机构。可以说，全球治理是一种囊括了人类所有活动领域的规则体系，涵盖了从个人到国家再到全球的各个层次，国际组织、国家乃至个人都是全球治理的主体。就新冠肺炎疫情防控而言，世界卫生组织等全球性国际组织承担了协调全球抗击疫情行动、为国家制定防疫政策提供科学指导的责任。国家是本国抗疫行动的主体，其政府肩负着通过制定相关政策法规和调动必要社会资源应对疫情的责任。个人同样是全球抗疫行动中必不可少的一环，每一个人都需要从自身做起，遵守相关防疫指令，如减少外出、做好自身防护、必要时居家隔离等。只有当国际组织、国家和个人相互协调、相互配合，向着同一个目标共同努力时，疫情才能够在全球层面上得到有效遏制。

（二）揭露害人害己的抗疫实践

人类社会的演进向来是在"危"和"机"的辩证转化中实现的。面对突如其来的疫情，世界各国和国际社会采取了各种应对举措。各国的抗疫表现可以分为三类。

第一类国家具有强烈的遏制疫情的意愿，并且拥有强大的经济社会资源和动员组织能力。这类国家愿意为遏制疫情付出较大经济社会代价，愿意通过牺牲短期利益换取人民生命安全。以中国为例，作为世界上最先报告病例的国家，中国早在2020年1月就采取了包括对病例集中暴发地区进行"封城"等强有力措施，并且动用了全国资源开展抗疫行动。事实证明，尽管这种政策在一定时期内对经济发展造成了较大冲击，但是也使中国得以最先摆脱疫情，国家的经济社会活动也在随后的几个月内逐步恢复正常。这表明，中国在疫情暴发初期所采取的各种政策是必要并且有效的，它对国家快速摆脱疫情发挥了至关重要的作用。

第二类国家属于中小型国家。这些国家或政府动员能力一般，或社会资源有限，因此难以单纯依靠自身力量应对疫情。例如，越南在疫情暴发初期采取了果断措施，从而较好地控制住了疫情。然而，到2020年7月下旬，越南却在连续一百多天无新增病例之后突然再次出现确诊患者，而政府未能采取有效措施及时遏制疫情蔓延，导致国内迅速暴发了第二波疫情。这表明，对于中小型国家而言，仅仅依靠自身力量是无法有效应对疫情的，加强国际合作是这些国家抗击疫情的必然选择。

第三类国家是像美国这样的西方大国。虽然这些国家拥有强大的社会经济资源，但是政府出于各种原因不愿意在国内采取强有力应对措施，也不愿意就抗击疫情开展国际合作，甚至画地为牢，频繁采取"甩锅"等做法，最终导致本国疫情大暴发，害人又害己。对于这些国家而言，放弃冷战思维与零和观念，加入国际社会的抗疫协调统一行动，才是走出困境的唯一正路。

（三）积极总结国际合作的抗疫经验

一是要加强世界卫生组织在应对公共卫生危机中的核心作用。疫情中，各国在发挥世卫组织作用的问题上存在分歧，个别国家甚至将世卫组织作为"甩锅"对象，通过攻击世卫组织掩盖本国政府抗疫不力的事实，并且不遵循世卫组织提出的科学建议，导致各国难以协调一致开展行动，使抗疫形势进一步复杂化。因此，只有增强世卫组织在应对疫情方面的核心作用，给世卫组织以更多支持，才能推动有关国家尽快走出疫情的泥潭。

二是国与国之间要加强相互支持。各国经济社会发展水平不同，社会治理能力也有差异。对于那些小国而言，需要国际社会在抗击疫情方面给予更多人力物力支持。例如，在非洲地区，疫情仍在快速蔓延，并且由于该地区很多国家检测能力有限，真实的病例人数很可能被严重低估。对此，世卫组织多次呼吁，需要给予非洲地区更多关注和帮助，为该地区国家提供更多医疗支援。

三是要遵循公共卫生专家建议，避免将疫情泛政治化。在美国等一些西方国家，疫情已经被严重政治化，成为党派之间相互攻伐与斗争的工具，而公共卫生专家却在政府决策过程中被边缘化。这严重影响了这些国家内部的抗疫行动，也使国际社会难以摆脱疫情的纠缠。

因此，只有切实加强国际国内协调才能有效应对疫情，早日遏制疫情。在这方面，中国始终将本国人民和世界各国人民的生命安全与健康放在首要位置，坚持构建人类卫生健康共同体理念，强调人的生命权没有国界限制，也无关种族和社会经济发展水平。中国积极开展疫情溯源和疫苗研发工作，尽最大努力为有需要的国家提供人力物力支援。在2020年5月召开的第73届世界卫生组织大会上，习近平主席提出了包括为受疫情影响国家特别是发展中国家提供援助、在华设立全球人道主义应急仓库和枢纽，同相关国家建立对口医院合作机制等在内的五大举措，得到国际社会高度评价。[①]

纵观历史，人类正是在同各种灾难的抗争中不断进步、成长和发展起来的。在世界各国命运日益紧密联系在一起的全球化时代，任何国家都无法在面对一种全球性危机时独善其身。在抗击疫情的斗争中，只有加强全球公共卫生治理合作，承担本国应尽的责任和义务，携手应对新冠肺炎疫情，才是推动国际社会早日战胜疫情的唯一正确途径。

二 增强世界卫生组织权威和治理能力

世界卫生组织是指导全球抗疫合作的中枢。中国以实际行动鼎

[①] 习近平：《团结合作战胜疫情 共同构建人类卫生健康共同体——在第73届世界卫生大会视频会议开幕式上的致辞》，《人民日报》2020年5月19日第2版。

力支持世卫组织开展工作、发挥作用，为全球抗疫合作作出了突出贡献。世卫组织总干事谭德塞率领专家组在中国疫情最为严峻的时刻来华对中国疫情防控工作进行了全方位了解和评估，对中国的抗疫成就给予了客观公正、实事求是的评价，为世界各国和国际社会科学认识疫情，特别是充分认识中国政府和人民为抗击疫情所作出的巨大努力及牺牲，以及中国为阻止疫情更大范围传播所作出的贡献，发挥了巨大作用。

（一）世卫组织应在全球抗疫合作中发挥核心作用

新冠肺炎疫情给很多国家造成了重大人员和财产损失，暴露出经济不平等、发展不均衡、医疗系统建设滞后、公共卫生管理应急机制难以有效应对突发危机等很多矛盾和问题，发达国家和发展中国家都暴露出自身治理能力的短板。因此，国际社会需要携手合作，共同应对疫情带来的重大挑战。在应对挑战的过程中，作为全球公共卫生治理体系核心的世界卫生组织应当发挥主导作用。疫情一方面促使各国在疾病预防、阻断传染源、探索有效治疗方案、开展疫苗研发等方面开展合作，共同探寻危机解决之道；另一方面也暴露出地缘政治矛盾、意识形态分歧等仍然是阻碍各国就解决全球性问题开展合作的突出羁绊。特别是，某些国家将疫情作为国际政治对抗的工具，利用病毒来源等问题对特定国家进行"污名化"构陷，并疯狂向其他国家和国际组织"甩锅"，以转移民众对本国政府应对疫情不力的指责。在各国之间经济、社会、文化和人员交流日益紧密的全球相互依赖环境中，任何一个国家抗击疫情的失败都有可能导致整个国际社会集体努力的失败。同时，任何一个国家内部存在的病例不仅仅对于本国人民的生命健康造成威胁，而且对世界人民的生命健康都有可能造成威胁。

作为联合国系统中负责全球卫生事务的专门性机构，世界卫生组织在平时和危机时期的职能有所不同。在平时，世卫组织主要在解决各国所面对的传染病和非传染病问题、提高各国人民健康水平、推动卫生基础设施建设、确保各国人民享有基本医疗条件等方面发挥作用。正是在世卫组织推动下，健康权作为一项基本人权得到了各国政府的普遍认可。也正是在世卫组织的积极倡导下，2005年修订的《国际卫生条例》将向国际社会通报"有可能构成国际关注的突发公共卫生事件"确定为各国应尽的国际义务。在危机期间，世卫组织则承担起领导全球抗疫行动、协调各国应对政策的责任，并且在推动各国在预防措施、治疗原则、疫苗研发等方面开展针对性研究，避免借疫情对某些国家施加不必要的经济、贸易和人员流动限制等方面发挥协调作用。在近年来暴发的甲型 H1N1 流感、埃博拉出血热、中东呼吸道综合征等公共卫生危机中，世卫组织通过召开会议、宣布"国际关注的突发公共卫生事件"、协调受疫情影响国家开展应对行动、为不发达国家提供公共卫生援助、领导全球科学家开展相关研究等方式参与到危机管理中，成为应对突发公共卫生危机、推动疫情防控国际合作的中枢机构。

（二）世界各国通力合作是世卫组织发挥作用的前提和关键因素

在应对突发性全球公共卫生危机时，世卫组织的能力也经常受到制约。在人、财、物等方面，世卫组织均依赖于成员国的捐助和支持。同时，世卫组织作为专家机构，其在全球治理中的权威性与合法性主要依靠为世界各国提供以科学、专业的知识为基础的政策建议，但其并不能对有关国家的内政或外交政策施加强制性影响。例如，在应对2014年埃博拉出血热危机中，世卫组织开展了积极行动，时任总干事陈冯富珍多次召集地区国家会议，共同商讨应对疫情之策。但是有关国家对世卫组织提出的警告反应迟缓，最终导致疫情在部分非洲国家暴发和蔓延。在本次新冠肺炎疫情期间，世卫组织早在2020年1月23日便宣布疫情已经构成"国际关注的突发公共卫生事件"，但是美国和部分欧洲国家却对此警告不以为然，最终造成疫情在这些国家大暴发，并直接影响了全球抗疫行动的成效。

因此，世界各国通力合作是世卫组织发挥作用的前提和关键因素。在全球化时代的今天，一种病毒可能只需几天便可传遍全球，任何一个国家抗击疫情的失败都是全球抗疫行动的失败。在面对一种流行性疾病的时候，任何一个国家都不可能在他国疫情没有得到有效控制的情况下独善其身。无论是对世卫组织的警告无动于衷，还是通过"甩锅"的方式破坏国际社会合作抗疫的努力，都是对全球公共利益的漠视和不负责，都是对人类正义与良知的亵渎，最终必将使本国疫情进一步恶化，将本国人民的生命与健康置于更加危险的境地。

（三）中国积极倡导构建人类卫生健康共同体

正是基于对国际合作重要性的深刻认识，中国积极倡导构建人类卫生健康共同体。自疫情发生以来，习近平主席多次在各种双边和多边场合强调维护全人类卫生健康是各国共同责任，指出在应对这场全球公共卫生危机的过程中，构建人类命运共同体的紧迫性更加突出。各个国家唯有通过团结协作、携手应对，才能战胜疫情，维护人类赖以生存的地球家园。在应对疫情的过程中，中国切实履行国际责任，及时公开信息，公布病毒基因组序列，分享防控、治疗经验及方案，为其他国家抗击疫情提供人、财、物和技术援助，开展疫苗研发国际合作，共同提升维护地区和全球公共卫生安全的能力，切实发挥了负责任大国作用。

当今世界，国与国之间在多方面、多渠道的密切联系早已将各国在政治、经济、社会、环境、公共卫生等方面紧密联系在一起，国际社会事实上已经成为一个不折不扣的命运共同体。因此，全球公共卫生治理不能以实现某个国家或少数国家的私利为目标，而是要将维护全人类共同利益作为奋斗目标和行动准则。那种仅仅根据自身利益得失衡量治理成效，甚至动辄以"退群"等手段对治理机构进行威胁的做法，终将被证明是有百害而无一利的，无论对本国，还是对他国而言都是如此。在肆虐的疫情面前，进一步增强世卫组织在全球公共卫生治理领域的权威，不断提升和完善世卫组织的治理能力，应当成为国际社会的共识和一切负责任、有担当国家的共同行动。支持世卫组织，就是支持全人类，就是为构建人类命运共同体添砖加瓦。反之，则必将为国际社会所不齿，被历史潮流所抛弃。

中国在国际社会积极呼吁支持世卫组织工作，加大对世卫组织的资金支持和技术援助，连续两次向世卫组织捐款共计2000万美元。习近平主席提出为受疫情影响的国家特别是发展中国家抗疫斗争和恢复经济社会发展提供援助、在华设立全球人道主义应急仓库和枢纽、建立中非对口医院合作机制、同各国分享疫苗成果、暂缓最贫穷国家债务偿付等多项举措，以支持各国特别是发展中国家抗击疫情的行动。习近平主席强调，"病毒没有国界，疾病不分种族"，他呼吁各国人民勇敢前行、守望相助，汇聚起同疫情斗争的磅礴之力。①

三 联合国应成为后疫情时代推动全球治理的主导机制

2020年9月21日，习近平主席在联合国成立75周年纪念峰会

---

① 习近平：《团结合作战胜疫情 共同构建人类卫生健康共同体——在第73届世界卫生大会视频会议开幕式上的致辞》，《人民日报》2020年5月19日第2版。

上发表重要讲话，强调后疫情时代联合国应主持公道、厉行法治、促进合作、聚焦行动，重申中国将始终做多边主义的践行者，积极参与全球治理体系改革和建设，推动构建人类命运共同体。①

（一）高举多边主义大旗，推动全球治理变革

联合国成立75周年之际正值新冠肺炎疫情在全球肆虐之时。此次疫情暴露出全球治理中的诸多短板，反映出世界各国在面对突如其来的危机时，仍然难以协调一致开展行动。个别国家将疫情作为国际政治对抗的工具，非但不为抗击疫情承担应有责任，反而刻意将病毒政治化、标签化，频繁上演"退群""疫闹"丑剧，妄图利用疫情打击其他国家，甚至达到地缘政治目的。凡此种种，深刻揭示出国际社会中存在的一些根深蒂固的问题，引发了人们对于关乎人类社会未来走向的两个问题的思考：一是世界需要一个什么样的联合国？二是在后疫情时代，联合国应该如何发挥作用？可以说，对这两个问题的回答关系到全人类的生存、发展和进步。

对此，习近平主席给出了自己的答案。一是联合国要主持公道。大小国家相互尊重、一律平等是时代进步的客观要求，也是联合国宪章的首要原则。任何国家都没有包揽国际事务、主宰他国命运、垄断发展优势的权力，单边主义没有出路。要坚持共商共建共享，由各国共同维护普遍安全，共同分享发展成果，共同掌握世界命运。要切实提高发展中国家在联合国的代表性和发言权，使联合国更加平衡地反映大多数国家利益和意愿。二是联合国要厉行法治。联合国宪章的宗旨和原则是处理国际关系的根本遵循，也是国际秩序稳定的重要基石，必须毫不动摇加以维护。各国关系和利益只能以制度和规则加以协调。大国应该带头做国际法治的倡导者和

---

① 习近平：《在联合国成立75周年纪念峰会上的讲话》，《人民日报》2020年9月22日第2版。

维护者，遵信守诺，不搞例外主义，不搞双重标准，也不能歪曲国际法，以法治之名侵害他国正当权益、破坏国际和平稳定。三是联合国要促进各国之间的合作。促进国际合作是联合国成立的初衷，也是联合国宪章的重要宗旨。信奉冷战思维，以意识形态划线，搞零和博弈，既解决不了本国问题，更应对不了人类面临的共同挑战。世界各国应以对话代替冲突，以协商代替胁迫，以共赢代替零和，把本国利益同各国共同利益结合起来，努力扩大各国共同利益汇合点，建设和谐合作的国际大家庭。四是联合国要聚焦行动。联合国要以解决问题为出发点，以可视成果为导向，平衡推进安全、发展、人权，特别是要以落实《2030年可持续发展议程》为契机，把应对公共卫生等非传统安全挑战作为工作优先方向，把发展问题置于突出位置，更加重视促进和保护生存权和发展权。[1]

（二）中国是践行多边主义、维护联合国权威的中坚力量

中国是第一个在联合国宪章上签字的国家，是联合国创始会员国，也是安理会常任理事国中唯一一个发展中国家。中国主张，在构建人类命运共同体的进程中，联合国应发挥主导作用。在国际安全领域，联合国应进一步完善集体安全机制，积极在国际事务中开展斡旋和调解，推动国家之间就所关注的各类问题开展对话，进一步完善维护世界和平的机制与手段，充分发挥化解矛盾和纠纷、消弭战乱和冲突的建设性作用，促进争端的和平解决。在国际经济领域，联合国应帮助各国树立合作共赢理念，进一步发挥在减少贫困、促进共同发展等方面的作用，推动世界经济朝着均衡、普惠、共赢方向发展，推动建设一个共同繁荣的世界。在全球治理领域，联合国应坚持共商共建共享原则，推动共担治

---

[1] 习近平：《在联合国成立75周年纪念峰会上的讲话》，《人民日报》2020年9月22日第2版。

理责任、共享治理成果的模式早日形成。这不仅关系到联合国能否有效应对各种全球性挑战，还关乎国际秩序和国际体系的未来走向。当前在世界政治中仍然存在的诸多矛盾、对抗、冲突和不公，并不是因为联合国宪章的宗旨和原则过时了，而恰恰是由于这些宗旨和原则未能得到有效履行和贯彻。世界各国需要坚定维护以联合国宪章宗旨和原则为核心的国际秩序和国际体系，巩固和维护开放性世界经济体制，抵制单边主义、民粹主义、逆全球化思潮等造成的不良影响。

中国始终将维护联合国宪章的宗旨和原则以及维护联合国在国际事务中的主导地位作为自身责任。在政治上，中国主张各国应共同维护世界反法西斯战争胜利成果，反对任何开历史"倒车"的行为，抵制单边主义、霸权主义和强权政治，坚定支持多边主义。在经济上，中国强调要构建更加平等均衡的新型全球发展伙伴关系，巩固以联合国为核心、南北合作为主渠道、南南合作为补充的合作格局。在环保上，中国主张牢固树立尊重自然、顺应自然、保护自然的意识，推动人与自然和谐共生，实现经济、社会、环境的可持续发展和人的全面发展，建设全球生态文明。在全球治理上，中国坚持以有效行动为导向，推动全球治理体系更好反映国际格局的变化，更加平衡地反映大多数国家特别是新兴市场国家和发展中国家的意愿和利益，更为有效地应对全球性挑战。

在全球化时代，人类既面临着共同的发展机遇，也面临着共同的风险和挑战。新冠肺炎疫情的暴发凸显了人类社会是一个休戚与共的命运共同体。如何应对人类面临的共同挑战，不仅关乎各国人民的安危和世界的前途命运，也考验着人类社会的共同智慧。是自私狭隘、闭关锁国，还是凝聚合力、共护家园？是造谣歧视、仇外排外，还是携手抗疫、共克时艰？国际社会的抗疫实践已经清楚表明，团结合作，互帮互助，才是应对疫情最为有力的武器；同舟共济，患难与共，才是人类走向美好未来的唯一正途。面对百年未有之大变局，联合国应当成为促进国与国之间对话与协商平台的提供者、国际合作的引领者和国际规则与规范的制定者。中国在国际事务中将始终践行多边主义，积极参与全球治理体系改革和建设，坚定维护以联合国为核心的国际体系，坚定维护以国际法为基础的国际秩序，同各国人民同舟共济，在联合国旗帜下，推动国际社会夺取全球抗击新冠肺炎疫情的最终胜利，为推动构建新型国际关系和人类命运共同体而不懈努力奋斗。

（任晶晶系中国社会科学院习近平新时代中国特色社会主义思想研究中心特约研究员、中国社会科学院当代中国研究所副研究员）

三

新冠肺炎疫情与资本主义制度弊端

弗洛伊德事件与美国政治的"制度失灵"

魏南枝

2020年5月,美国明尼苏达州白人警察暴力执法导致非洲裔男子乔治·弗洛伊德死亡,引爆了全美大规模反对种族歧视和暴力执法的抗议示威甚至骚乱,并在世界多国掀起了反种族歧视运动。联合国人权理事会在2020年6月通过决议,对弗洛伊德事件所暴露的种族歧视、暴力执法和美国刑事司法系统中的结构性种族主义等表示"强烈谴责"。[1]

弗洛伊德事件所引爆的美国骚乱呈现如下两个特点:第一,身份政治口号比阶级政治口号更有号召力。第二,不反对美国政治体制和资本主义制度。弗洛伊德事件是美国历史性、结构性问题的爆发,也是美国防控新冠肺炎疫情不力的产物。这一事件所具有的上述双重特点植根于美国的政治制度与政治文化,也从多个维度印证美国政治处于"制度失灵"困境之中。

---

[1] Human Rights Council Forty-Third Session, "The Promotion and Protection of the Human Rights and Fundamental Freedoms of Africans and of People of African Descent Against Police Brutality and Other Violations of Human Rights", June 19, 2020, https://undocs.org/en/A/HRC/43/L.50.

一 社会不平等的恶化

美国建国之初，资本主义经济由北方资本主义工商业经济和南方奴隶制种植园经济共同组成，美国历史学界不少人认为美国资本主义制度的建立很大程度上归功于奴隶制。①"让奴隶制消失，那就等于从世界地图上把美国抹去……奴隶制是一个经济范畴。"②

从奴隶制、南北战争、种族隔离、种族歧视到"黑人命也是命（Black Lives Matter，BLM）"运动……种族不平等是美国与生俱来的痼疾，而种族不平等本质上是阶级不平等，弗洛伊德事件是当前美国多重社会不平等持续恶化的产物。"公平不仅是一个财富和收入的问题，而且是一个人们是否有能力进行充分社会参与的问题。"③

作为一个资本主义立国的国家，"社会阶级"长期是美国文化中一个充满争议的模糊语词。④尽管日益增长的社会不平等和日益固化的社会阶层体系已经是美国的普遍现象，对阶级不平等的制度性分析某种程度上仍是美国社会的禁忌，相反，美国政治文化往往将种族矛盾作为美国的核心矛盾。这既有美国的意识形态因素，也有美国的历史因素。

有别于经历了 19 世纪社会革命和 20 世纪两次世界大战的欧洲福利资本主义国家，基于对盎格鲁—新教文化的认同，美国主张个

---

① Calvin Schermerhorn, *The Business of Slavery and the Rise of American Capitalism*, 1815 - 1860, New Haven: Yale University Press, 2015. Edward E. Baptist, *The Half Has Never Been Told: Slavery and the Making of American Capitalism*, New York: Basic Books, 2016.

② 《马克思致帕·瓦·安年科夫》（1846 年 12 月 28 日），《马克思恩格斯文集》第 10 卷，人民出版社 2009 年版，第 49 页。

③ Scott McNall, *The Problem of Social Inequality: Why It Destroys Democracy, Threatens the Planet, and What We Can Do About It*, New York: Routledge, 2015, p. XIX.

④ ［美］罗伯特·帕特南：《我们的孩子》，田雷、宋昕译，中国政法大学出版社 2017 年版。

人责任原则、坚持以市场提供福利的基本理念，对工作的高度崇拜、对"贫穷文化"的批判等是美国作为一个工作社会的意识形态基础。

之所以19世纪末20世纪初的美国没有产生类似欧洲的大规模社会主义运动、阶级政治话语没有主导美国社会，因而成为西方世界的例外，桑巴特认为是因为基于美国独特的地理环境和自然资源，美国资本主义得到高度发展和提供给工人优厚报酬，美国的普选制和宪政民主对工人进行"公民整合"，使得美国的社会主义思潮和劳工运动从宏观上被化解。按照他的分析框架，以个人主义为核心、鼓励追求个人自由和物质财富的美国社会所主张的平等是机会平等；同时，经济和社会向上流动性是精英阶层的地位正当性来源——二者构成美国社会模式的正确性基础。[1]

但自20世纪70年代以来，美国作为一个工作社会的经济基础发生了结构性变化，随着美国从工业资本主义转型为金融资本主义、从制造业大国转型为以服务业为主的后工业社会，美国的产业空心化日益恶化。尽管特朗普上任以来高调宣扬其致力于推动"美国制造业回归"，美国制造业的GDP占比并未提升。

按行业分列，美国2019年国内生产总值（GDP）的增加值统计数据显示，GDP占比最高的是金融、保险、房地产、租赁业（21%），其次是专业及商业服务业（12.8%），再次是政府部门（12.3%），第四位才是制造业（11%）。[2] 更容易获取高利润的由金融、保险和房地产部门构成的"泛金融部门"主导着美国经济，

---

[1] ［德］W. 桑巴特：《为什么美国没有社会主义》（典藏版），赖海榕译，社会科学文献出版社2002年版。
[2] Statista, "Percentage Added to the Gross Domestic Product (GDP) of the United States of America in 2019, by Industry", https://www.statista.com/statistics/248004/percentage-added-to-the-us-gdp-by-industry/.

但能够吸纳的就业岗位有限；制造业的 GDP 占比创下 1947 年以来的新低，吸纳的就业仅占美国劳动力就业的 8% 左右；美国的就业岗位主要集中于休闲和酒店业、健康护理以及零售业等薪资水平较低的服务业。这种经济结构的变化导致美国的劳动力市场也发生了结构性变化。

首先，劳动参与率走低。美国的产业空心化导致大量学历低、靠体力劳动维持生计的传统工人被淘汰。美国的劳动参与率自 20 世纪 90 年代以来持续走低，2019 年保持在 63% 左右的低水平，并且因性别、年龄、种族、受教育程度、地理位置、生产自动化程度、监禁率和药物成瘾等一系列因素，不同人群的劳动参与率存在巨大差异。例如，受教育程度越低，劳动参与率越低、收入也越低，而拉美裔和非洲裔美国人受教育程度整体偏低。[1] 又如，2000 年以来滥用鸦片类药物行为导致欧洲裔白人男性青壮年劳动参与率持续下滑。[2]

其次，岗位流动性下降。对于工薪阶层而言，跳槽是工资增长的一个重要途径。然而，近年来美国劳动力市场的流动性在萎缩，岗位重配置率（job reallocation rate）和工人重配置率（worker reallocation rate）都在不同程度地下降。这不仅将导致在劳动力市场处于弱势地位的群体进一步边缘化，例如那些非技术工人、长期事业的人和缺乏社会资本的年轻人等；而且也表明劳动力市场的壁垒在提升、劳动力调整的成本在增大。反过来，这也是为何自 2010 年以来美国经济复苏表现良好，但美国工薪阶层工资收入增长幅度远

---

[1] Laura Tyson & Lenny Mendonca, "Keeping US Workers in the Game", May 07, 2019, https://www.project-syndicate.org/commentary/united-states-future-labor-supply-by-laura-tyson-and-lenny-mendonca-2019-05.

[2] Michael Gray, "Yellen Links Opioid Crisis to Low Workforce Participation", July 23, 2017, https://nypost.com/2017/07/23/yellen-links-opioid-crisis-to-low-workforce-participation/.

远低于以前美国经济复苏时期的主要原因之一。①

最后,收入不平等加剧。根据官方统计数据,新冠肺炎疫情暴发前的美国不缺就业岗位,例如美国劳工统计局公布的2019年12月《就业报告》显示,该月美国全国失业率为3.5%,接近1969年以来的最低水平,2019年全年均值为3.7%左右。问题在于,20世纪80年代以来,工资增长主要集中在收入最高的20%人群中,收入最低的20%人群的实际工资陷入停滞,例如2019年5月占据美国劳动力80%的"生产和非管理人员"平均工资(经通胀因素调整后)水平与1974年差不多。② 2009年以来,美国的联邦最低工资标准一直保持在每小时7.25美元的水平,大多数工人的工资增长几乎跟不上生活成本通货膨胀增长速度。2018年美国的基尼系数为0.486,最高的5%群体获得的现金收入占总收入的23.1%,最高的20%群体获得的现金收入占总收入的52%。③ 收入最高的0.1%群体的收入增幅高达后90%群体的收入15倍,并且美国中产阶级的收入趋于萎缩。④

经济结构和劳动力市场的双重变化使得大部分美国工人通过努力工作获得优厚报酬的可能性大为降低。并且,美国的财富不平等和财富集中情况也日趋恶化,按照家庭财富排序,财富前10%的家庭、前10%—50%的家庭和后50%的家庭所占的财富比重在1989

---

① Maury Gittleman, "Declining Labor Turnover in the United States: Evidence and Implications from the Panel Study of Income Dynamics", *Monthly Labor Review*, U. S. Bureau of Labor Statistics, January 2019, https://doi.org/10.21916/mlr.2019.1, accessed Feb. 6, 2019.

② Laura Tyson & Lenny Mendonca, "US Economic Growth Masks Wage Woes", July 30, 2019, https://www.shine.cn/opinion/1907309251/.

③ Jessica Semega, Melissa Kollar, John Creamer and Abinash Mohanty, "Income and Poverty in the United States: 2018", *Current Population Reports*, Sept., 2019, https://census.gov/library/publications/2019/demo/p60-266.html.

④ Elise Gould, "State of Working America Wages 2019: A Story of Slow, Uneven, and Unequal Wage Growth Over the Last 40 Years", Feb. 20, 2020, https://files.epi.org/pdf/183498.pdf.

年是67%、30%和3%，而到2016年已经变为77%、22%和1%，并且2016年大约有10%的家庭净资产为负数，意味着中下阶层美国人向上流动的空间迅速萎缩。① 也就是说，美国阶级不平等的恶化使得桑巴特所认为的"美国例外"的现实土壤正在流失。

更重要的是，美国的阶级不平等与代际不平等、种族不平等多重因素交织在一起，使得社会不满情绪在不断积聚。

从代际不平等的角度看，65—75周岁的家庭财富中位数在1989年是15.5万美元、到2016年增长为22.8万美元，25—35周岁的家庭财富中位数在1989年是2万美元、2016年反而下降到了1.8万美元。② 在劳动力市场寻找工作的18周岁以下青少年，主要是未接受高等教育甚至高中教育的非洲裔和拉美裔，这也是种族因素与年龄因素等相互作用的结果。说明美国社会的代际不平等在加剧，也能够解释为何新冠肺炎疫情暴发后，一些怀着仇老心态的美国年轻人将新冠病毒称为"婴儿潮一代消灭者"，并把老年人渲染为社会累赘。也能解释为何1995年后出生的"Z世代"在弗洛伊德事件引爆的大规模示威活动中成为主角。

从种族不平等的角度看，2018年美国非洲裔的贫困率接近21%，而欧洲裔白人的贫困率则约为8%；2018年美国家庭的收入中位数为6.3179万美元，其中非洲裔美国家庭的收入中位数为4.1361万美元、欧洲裔白人家庭的收入中位数为7.0642万美元、亚裔家庭的收入中位数为8.7194万美元、拉美裔家庭的收入中位

---

① Ana Kent, Lowell Ricketts & Ray Boshara, "What Wealth Inequality in America Looks Like: Key Facts & Figures", August 14, 2019, https://www.stlouisfed.org/open-vault/2019/august/wealth-inequality-in-america-facts-figures.

② Ana Kent, Lowell Ricketts & Ray Boshara, "What Wealth Inequality in America Looks Like: Key Facts & Figures", August 14, 2019, https://www.stlouisfed.org/open-vault/2019/august/wealth-inequality-in-america-facts-figures.

数为 5.145 万美元。① 2018 年美国的监狱人口高达 230 万人，位居世界第一；相比于其总人口 3.27 亿人，监禁率高达 0.7%，也位居世界第一；并且，虽然非洲裔只占美国总人口的 13%，但是 40% 的被监禁人口是非洲裔，体现出明显的种族差异。② 说明美国社会种族之间的不平等仍在持续，大量非洲裔和拉美裔依然被经济鸿沟和监禁率的种族不平等阻隔在美国主流社会之外，加上非洲裔成为暴力执法受害者的概率远高于其他族群，这也是弗洛伊德事件点燃反对种族歧视大规模抗议骚乱的基础。

此外，从家庭数量分析，美国中产阶级家庭比重从 1971 年的 61% 萎缩为 2015 年的略低于 50%，同期收入占比从 62% 降至 43%，已不再占据社会经济结构的主体。③ 2018 年美国整体基尼系数为 0.486，其中欧洲裔白人为 0.474、拉美裔为 0.468、亚裔为 0.481、非洲裔为 0.491。④ 以上两个方面都说明，各种族内部的贫富分化也相当严重，这是反对种族歧视大规模抗议骚乱的参与者体现为多族裔性、并且产生巨大政治与文化震荡的原因。

二 社会不满压力的转移与释放

与上述多重社会不平等同时存在的是美国公共财富和资源的萎

---

① Jessica Semega, Melissa Kollar, John Creamer, and Abinash Mohanty, "Income and Poverty in the United States: 2018", *Current Population Reports*, Sept., 2019, https://census.gov/library/publications/2019/demo/p60-266.html.

② Wendy Sawyer and Peter Wagner, "Mass Incarceration: The Whole Pie 2019", March 19, 2019, https://www.prisonpolicy.org/reports/pie2019.html.

③ Rakesh Kochhar, Richard Fry & Molly Rohal, *The American Middle Class Is Losing Ground*, Dec. 9, 2015, http://www.pewsocialtrends.org/files/2015/12/2015-12-09_middle-class_FINAL-report.pdf.

④ Fred Economic Data, "Income Gini Ratio for Households by Race, Annual", https://fred.stlouisfed.org/release/tables?rid=249&eid=259444.

缩，公共资源的过度市场化，被富豪精英左右的政府政策促进收入与财富再分配给最富裕的阶层，以及大众民主的虚化等，美国的社会分化和阶层固化等日益严重。弗洛伊德事件爆发后，美国精英阶层对其的炒作有利于转移和释放美国民众日趋强烈的社会不满情绪。

首先，美国公共财富和公共资源的萎缩。美国的净私人财富在上升，1984 年第 3 季度美国的私人财富总额为 20.43 万亿美元，到 2020 年第 1 季度这个数字上升为 104.3 万亿美元。[①] 与此同时，美国的国债从 1989 年的 2.86 万亿美元上升到 2019 年的 22.03 万亿美元[②]，财政赤字从 1989 年的 1530 亿美元上升到 2019 年的 9840 亿美元[③]。2013 年，底特律申请破产；2015 年，阿拉巴马州杰斐逊县县政府申请破产……美国地方债务危机正在蔓延。上述几个方面都表明，从联邦到地方各级政府的公共财富都在不断缩水，政府缺乏调控社会经济不平等性的充分能力和资源，难于弥合各种维度的分裂与冲突。

其次，公共资源的过度市场化。美国的教育、医疗和养老等基本公共资源相对充足，但是，在新自由主义经济社会政策主导之下，这些公共资源日益成为"稀缺化"的市场资源。

由金融资本主导的市场力量多年来推动着美国高等教育的大众化和产业化。无论公立大学还是私立大学都在不同程度上成为了营利性主体，大学学费上涨幅度更是远远超过通货膨胀率，自 1980

[①] Federal Reserve, "Distribution of Household Wealth in the U. S. Since 1989", https://www.federalreserve.gov/releases/z1/dataviz/dfa/distribute/table/.

[②] US Department of the Treasury, "The Debt to the Penny and Who Holds It", https://www.treasurydirect.gov/NP/debt/current.

[③] The Balance, "US Budget Deficit by Year Compared to GDP, Debt Increase, and Events", https://www.thebalance.com/us-deficit-by-year-3306306.

年以来已经上涨了213%。其结果是美国学生贷款数额激增，2019年已经达到1.51万亿美元，成为仅次于住房债务和信用卡债务的美国最大债务之一。[1] 很多低收入家庭的学生就读于质量较差、往往以利润为导向的低水平大学，他们中很多人在毕业时拿不到学位，却又因读大学而背负上了沉重的助学贷款债务。高等教育制度和助学贷款体系被批评为"加剧了美国的社会经济不平等"，这也是促使"Z世代"走上街头进行抗议的重要原因。

美国是全球公认的医疗费用最为昂贵的国家之一，其医疗开支占GDP比重20%左右，人均医疗开支居于世界前列，并且医疗保险没有覆盖的人群众多，大量个人破产申请与医疗费用有关。无论是奥巴马医改的一波三折，还是特朗普医改的进展不顺，背后都是由大药企和保险公司等利益集团的各种阻碍和干预。大部分普通美国民众"看不起病"是此次新冠肺炎疫情期间，美国一方面死亡病例超过15万，另一方面医院并未出现大面积挤兑的原因。特别是在消费经济模式和三十多年来贫富悬殊持续恶化的趋势之下，有40%的美国人的存款低于400美元[2]，这些人往往主动或被动"弃疗"。疫情期间日益凸显的因种族、阶层、年龄等因素造成的健康不平等性的恶化让普通民众的不安全感迅速增强，这也是弗洛伊德事件引爆大规模民众抗议的原因。

再次，精英政治主导政策制定和政治议程。通过各种显性和隐性相结合的方式，精英阶层不仅在维持、扩大和合法化他们拥有的

---

[1] Federal Reserve Bank of New York, "Household Debt Tops $14 Trillion as Mortgage Originations Reach Highest Volume Since 2005", Feb. 11, 2020, https://www.newyorkfed.org/newsevents/news/research/2020/20200211.

[2] CBS News, "Nearly 40% of Americans Can't Cover a Surprise $400 Expense", https://www.cbsnews.com/news/nearly-40-of-americans-cant-cover-a-surprise-400-expense/, accessed on April 17, 2020.

越来越集中的财富和权力,而且,如哈罗德·克博所发现的,"为了维持自己的权力和特权,精英们已经学会……剥削非精英而使他们意识不到自己正在被剥削"①。一方面,他们通过金钱政治、联邦游说共同体和以智库、研究机构等为代表的政策规划共同体等影子政治产业来左右政治议程和政策制定;另一方面,他们通过掌控媒体、影视等文化信息产业以及各种形式的非政府组织等来左右舆论和意识形态,使精英主导的政治议程和政策制定合法化,也就是实现葛兰西所说的文化领导权。

也就是说,美国的精英阶级将一系列广泛分布的资源、组织和过程打造成为一个具有连贯性和内在一致性的政治力量,这种政治力量构成一个在资本权力和政治权力精英控制之下的无形的帝国。②例如,针对美国社会的多重不平等,特朗普政府的税收改革等并没有进行纠偏,反而使其进一步恶化。特朗普税改对富人和大公司的减税力度更大,被评价为"劫贫济富"的改革。③又如,根据国会预算办公室对美国家庭收入分配变化的分析,收入分配差距并未因联邦税收和基于经济状况调查而进行的转移支付等而缩减、反而进一步扩大,而且越是收入高的群体平均收入年均增长越快。④

最后,大众民主的虚化。在一个主权国家内具有完全民事行为能力的成年公民平等地享有选举权,是以竞争性选举为核心的现代

---

① Harold R. Kerbo, *Social Stratification and Inequality Class Conflict in Historical*, *Comparative*, *and Global Perspective* (8th edition), New York: McGraw-Hill Education, 2012, p. 408.

② [美]厄尔·怀松、罗伯特·佩卢奇、大卫·赖特:《新阶级社会:美国梦的终结?》(第四版),张海东等译,社会科学文献出版社2019年版,第129页。

③ Alexandra Thornton, "11 Ways the Wealthy and Corporations Will Game the New Tax Law", July 25, 2018, https://www.americanprogress.org/issues/economy/reports/2018/07/25/453981/11 - ways-wealthy-corporations-will-game-new-tax-law/.

④ Congressional Budget Office, "Projected Changes in the Distribution of Household Income: 2016 to 2021", Dec., 2019, https://www.cbo.gov/system/files/2019 - 12/55941 - CBO-Household-Income.pdf.

西方大众民主的基石。"一人一票、票票等值"原则在美国的确立，实际上经历了一个长达数世纪并且相当曲折的反种族歧视、反性别歧视等的斗争过程。但是，美式民主日益被等同为两党之间的竞争性选举，选举的作用却在日益相对化和庸俗化，只能够证明通过"一人一票"选定总统、州长、议员等的方法或程序具备有效性，而不能证明当选后的这些"民选代表"施政行为的正当性。

即使上述"民选代表"施政行为不符合选民利益，选民也不可能直接对其进行问责，只能期待下一次投票改选他人。例如截止到美国东部时间2020年7月30日，美国新冠肺炎确诊病例接近450万例，累计死亡超过15万例，美国各级政府的防控疫情措施被媒体称为"史诗级的失败"，但美国政府没有人因此被问责或因此辞职。也就是说，在"程序吸纳不满"的噱头之下，"符合公共利益"这一结果正义标准已经"被"无足轻重了。选举民主制的这一内在缺陷决定了，精英政治体系试图通过各种程序性设计确保"赢者通吃"格局的同时，也给了民粹主义甚至反智主义等生存空间，还由此催生了精英阶层所构建的上层建筑实际上越来越难于得到广大中低民众支持的基本社会政治格局。

在上述四个方面的综合作用下，美国各种族之间和各种族内部的社会贫富分化和阶层固化都在加剧，社会不满在积聚、阶级矛盾和阶层冲突的话语已经在抬头。加上受新冠肺炎疫情重创，2020年第二季度美国国内生产总值（GDP）按年率计算下滑32.9%，创20世纪40年代以来最大降幅。经济衰退的背后是数千万美国失业人口，其中年轻人是受失业冲击最大的人群之一。在疫情和失业等带来的经济不安全感和生命不安全感双重冲击之下，急剧膨胀的社会不满迫切需要一个出口。

虽然种族矛盾本质上是阶级矛盾，但是美国的"资产阶级比奥地利政府又更善于挑拨一个民族去反对另一个民族"①，美国长期以来用种族不平等来掩盖、缓解或转移阶级不平等，并以种族骚乱等形式来释放因社会不平等产生的社会压力。弗洛伊德事件引爆全国性种族抗议骚乱，既有民主党对"黑人的命也是命"运动的支持，也有特朗普政府未经波特兰市同意、在抗议中向波特兰部署联邦警员的刺激，两党从不同角度都在推动着抗议骚乱扩大化。

为什么陷入"逢你必反"政治恶斗的两党精英都力图扩大化此次抗议骚乱？因为一旦阶级矛盾成为社会不满的主要出口，那就有可能动摇美国的根本制度；相反，以种族矛盾为代表的各种身份政治诉求不但可以通过骚乱来释放，而且有利于将对精英阶层的不满转化为中低收入阶层的内部冲突与矛盾，让美国基层成为一盘散沙。

因此，弗洛伊德事件引爆的抗议骚乱的参与者们更多以种族身份、左或右的意识形态、"白人优先"或"黑人的命也是命"的文化认同区隔、"Z世代"（1995年后出生）和"婴儿潮一代"的代际矛盾等组织起来提出身份政治诉求，很少基于共同的阶级出身而组织起来提出阶级政治诉求。抗议骚乱主要以反种族歧视、反暴力执法、反特朗普政府等为口号，不但没有针对美国深层次的阶级矛盾、歧视性制度结构和资本主义制度等提出政治诉求，而且变相沦为两党鼓动大选投票的政治营销手段，因而是美国两党党争和政治极化日益恶化的又一次集中体现。

三　两党党争撕裂美国社会

弗洛伊德事件既是美国社会撕裂的产物，也正在进一步撕裂美国

---

① ［德］恩格斯：《致海尔曼·施留特尔》（1892年3月30日），《马克思恩格斯全集》第38卷，人民出版社1972年版，第316页。

社会，而造成美国社会撕裂的重要因素之一就是两党党争。美国的两党争霸现象自19世纪延续至今，民主党主政的众议院和共和党主政的白宫、参议院之间，民主党主政的州与联邦政府之间，不同党派主政的州和地方政府之间……往往因日益恶化的党争而"为了反对而互相反对"，党争已经激化到接近引发宪政危机的程度，这不仅在严重地撕裂美国政治与社会，还深刻影响到国家治理的效能，产生了赛斯·卡普兰所哀叹的结果，"美国社会的凝聚力空前地下降……"[1]。

2020年正值大选年，在美国防控新冠肺炎疫情不力和两党激烈党争之下，各派政治力量利用弗洛伊德事件进行政治炒作等，不过是再一次印证了两党政治与生俱来的缺陷，即赢得选举是政党的根本追求，政党利益高于国家整体利益、同时又服从于政党背后的垄断资本利益。

首先，党争加剧了联邦制的内部张力。新冠病毒正以这样或那样的方式影响着每一个美国人，弗洛伊德事件引爆的抗议骚乱已经持续数月，美国已经陷入"防疫不力—抗议骚乱—大面积失业—经济衰退"的恶性循环之中，需要整合所有相关资源和尽可能多地动员全体社会资源进行有效应对。

但是，根据1787年制定的《美利坚合众国宪法》，美国实行联邦、州和地方三级政府分层治理，各州保有相当广泛的自主权，有自己的法律体系和政府机构等。类似新冠肺炎疫情、管控示威游行等公共卫生事务属于内政，以州和地方政府为主进行管理。

过去几个月来，美国从联邦到各州、地方政府在法律、行政、政策等多个层面各自采取了应对措施，但一直处于"八仙过海各显

---

[1] Seth D. Kaplan, "How Do America's Elites Stack up？", *The American Interest*, Oct. 30, 2019, https：//www.the-american-interest.com/2019/10/30/how-do-americas-elites-stack-up, accessed on March 6，2020.

神通"甚至相互冲突的被动局面。联邦政府与州政府、各州之间、各州内部针对是否戴口罩、是否居家隔离、是否强制隔离、抗疫物资的采购和调配等各种问题产生争议和冲突，不少议题被贴上党派标签、被"政治化"，党争之下的联邦体制形成了"散装美国"的抗疫和应对抗议骚乱格局。

例如，是否戴口罩原本是单纯的公共卫生问题，历史和多国实践证明戴口罩有利于遏制疫情、有利于公众健康。然而，以"侵害个人自由"为名，是否戴口罩被赋予了政治和文化内涵。《纽约时报》在 2020 年 7 月推出的一份"口罩地图"显示，在共和党人中，不戴口罩的人要远多于经常或始终戴口罩的人。[1] 7 月，佐治亚州的共和党州长对该州最大城市亚特兰大市的民主党市长提起诉讼，试图阻止市长颁布的"强制戴口罩令"。[2]

又如，美国迫切需要建立起统一的国家战略来遏制疫情、平息骚乱并重振经济。但是根据联邦分权原则，对重点疫区是否采取强制隔离属于各州行使的权力，联邦政府无权用强制性手段干预州政。除非各州愿意让渡一部分治权，联邦政府无权统一部署切断病毒传播链措施。这就使得联邦政府无权下达命令对疫情严重州和地区进行强制隔离。不仅如此，4 月，纽约州等美国东海岸 7 个州组建"多州协定"和加州等美国西海岸 3 个民主党主政州组建"西部州协定"，不接受联邦政府领导，自行组建联盟协调防疫和复工等问题。

再如，两党都在不同地区针对特定目标群体发声，围绕是否采取居家隔离措施，如何应对"黑人的命也是命"运动等因弗洛伊德

---

[1] New York Times, "A Detailed Map of Who Is Wearing Masks in the U. S. ", July 17, 2020, https：//www.nytimes.com/interactive/2020/07/17/upshot/coronavirus-face-mask-map.html.

[2] U. S. News, "Judge Orders Mediation in Georgia Mask Mandate Dispute", July 23, 2020, https：//www.usnews.com/news/us/articles/2020 - 07 - 23/judge-orders-mediation-in-georgia-mask-mandate-dispute.

事件而引爆的社会运动,普遍出现"联邦政府—州或地方政府""共和党主政州—民主党主政城市"或"民主党主政州—共和党主政城市"的对立格局,美国各地针对弗洛伊德事件的态度按党派划线。大量非洲裔美国人居住的华盛顿特区是弗洛伊德事件掀起全美反种族歧视抗议活动中心地带,白宫在华盛顿部署联邦执法人员和重型镇暴设备,而民主党人、华盛顿特区市长穆里尔·鲍泽命令在白宫附近的一条马路上涂上黄色油漆大字"黑人的命也是命"(Black Lives Matter)。

其次,党争破坏着三权分立制度设计。美国政治体制的最大特色是政治权力之间的分立和制衡,除了三级政府治理的纵向分权,联邦一级横向层面的立法、行政、司法三权分立与党争复杂地纠缠在一起,使得政治化考量颇多、协作化努力不足,既不利于美国防控疫情工作的有效开展,也不利于抗议骚乱的平息。

新冠肺炎疫情暴发后,美国两党不得不展开合作,虽然协同出台了防疫法案、通过了四轮纾困措施,但是彼此充满猜忌,党争从未停止。例如,在紧急纾困法案的讨论中,两党争相加入自己的要求以取悦本党基础选民——共和党推出工资保障计划,民主党推出疫情失业救济金发放方案等。2020年4月2日,众议院议长佩洛西宣布成立由两党组成的众议院冠状病毒危机特别委员会,专门负责监督联邦政府对冠状病毒疫情的应对措施,包括监督2.2万亿美元刺激计划中的资金如何支出等。对此,白宫表示这是"政治迫害",声称正是因为民主党人提出的弹劾调查使得联邦政府无法有效进行疫情防控。[1]

---

[1] Jacob Pramuk, "Pelosi Announces New House Committee to Oversee Trump Administration Coronavirus Response", April 2, 2020, https://www.cnbc.com/2020/04/02/coronavirus-bailout-nancy-pelosi-unveils-new-committee-to-oversee-white-house.html.

弗洛伊德事件爆发后，抗疫、抗议和经济衰退三者互为因果，而两党激烈党争给三级政府合作解决这三个问题带来明显的负面作用，不但难以建立起统一的国家战略，而且两党都在利用骚乱进行政治秀以扩大自己的选举基本盘，例如骚乱严重地区大多位于民主党执政州，以纽约市长等为代表的民主党人直接走到台前参加抗议游行，以支持"法律和秩序"为由，共和党支持群体强调甚至变相推动骚乱的暴力化以把握话语权；又如佩洛西等民主党政客在国会单膝下跪悼念弗洛伊德，提议改革美国警察制度，特朗普尽管签署了警察执法行政令，但坚持认为大多数警察都是好人……都是在朝自己的政治基本盘喊话，刺激其不安全感以提升投票率，并试图拉拢中间选民。

并且，以佐治亚州州长起诉亚特兰大市市长案为代表的系列案件表明，美国的司法系统被频繁地卷入政治斗争。原本美国的三权分立的制度设计要求"司法独立"，但是一方面是政治斗争司法化，两党之间难以妥协的矛盾越来越多的选择诉诸于各级法院，希望通过司法裁决来实现攻击与反制对方、扩大自身影响等多重目标；另一方面是司法系统政治化，特朗普就职3年内已先后任命187位保守派法官，仅2019年便多达102位，并且最高法院是保守派占多数，这几年共和党通常能够赢得法院支持。[①]

一贯被西方奉为圭臬的权力制衡、自我纠偏机制，迄今并未发挥有效作用，权力的制衡正在演变成权力的游戏。民主党主政的众议院和共和党主政的白宫、参议院之间，民主党主政的州与联邦政府之间，不同党派主政的州和地方政府之间……往往因日益恶化的

---

① Ronn Blitzer, "Trump Heads into 2020 with 'Historic' Judicial Appointments", Fox News, December 22, 2019, https：//www.foxnews.com/politics/trump-heads-into-2020-with-historic-judicial-appointments.

党争而"为了反对而互相反对"。更关心赢得选举的党派意识使得联邦制、三权分立制的分离力正在大于向心力,侵蚀着美国的整体利益。

对此,美国政治学者艾伦·阿布拉莫维茨认为,激烈党争之下的美国看起来更像是分别由共和党、民主党主导的两个水火不容的国家。[①]"水火不容"的背后是美国日益恶化的社会不平等和日益积聚的社会不满,已经产生了对实质正义和结果平等的政治诉求,而现有美国两党政治无法对这些政治诉求进行有效回应。

为了回避阶级政治话语和再分配议题,"选举导向"之下的两党转而采用更为极化的议题来巩固自己的政治基本盘:民主党近年来炒作"黑人的命也是命"、性少数群体(LGBT)等身份政治议题,共和党被高举"美国优先"旗号的特朗普所改组。所以,弗洛伊德事件和弗格森事件等种族冲突、夏洛茨威尔暴力事件等文化冲突类似,都成为了近年来美国两党为了赢得选举的炒作对象,上台之后不去解决而是转移矛盾;下台之前再给对手制造矛盾,导致以种族歧视为代表的各种身份政治冲突已沦为选举政治工具而积重难返。

两党对弗洛伊德事件的利用降低了美国普通民众联合起来使用阶级政治话语进行社会抗争的可能性,但是,两党政治极化也在撕裂美国政党政治有效运转的基本共识,所引发的政治冲突只会愈演愈烈。这与美国历史学家方纳所认为的,"许多美国人相信美国的政策和体制代表了一个应为其他国家所仿效的榜样"形成了鲜明的对比。

[①] Alan I. Abramowitz, "America Today Is Two Different Countries. They Don't Get Along", The Washington Post, March 10, 2016, https://www.washingtonpost.com/news/in-theory/wp/2016/03/10/america-today-is-two-different-countries-they-dont-get-along/.

四　结论

从弗洛伊德事件所凸显的美国政治制度和政治文化所存在的种种弊端不难发现，美国的政客们正在利用权力分立和制衡机制，尽可能满足各自党派和利益集团的诉求，政治和经济寡头们对政策制定者的实际影响力已经远远超过中产阶级和底层民众，政治机构对精英阶层利益的回应性也远高于对普通民众利益主张的回应性。精英阶层联合起来通过强化身份政治议题等各种方式转移和压制中低阶层的阶级政治诉求，设法避责、频频"甩锅"，甚至将疫情作为妖魔化对手的工具等，都符合美式民主政治的现实需要。其结果是以新冠肺炎疫情防控不力为代表的应对危机的决策与执行的低效，以各既得利益集团利用和炒作弗洛伊德事件为代表的罔顾国家整体利益。

"美国从一开始就从属于资产阶级社会，从属于这个社会的生产。"① 这就决定了美国内在的历史性和结构性矛盾。这些矛盾随着其经济金融化和社会两极分化的加剧而激化，使其无力解决本国的问题、只是采用各种方式回避和转嫁矛盾。加上美国缺乏对其体制的自我反省、自我批判和自我革新的能力，美国政治的"制度失灵"问题只会日趋严重直至内爆。因此，先验地认为某种政治制度当然具有普世性或先进性，这既不符合基本常识、也不符合具体实践。

（魏南枝系中国社会科学院美国研究所副研究员）

---

① ［德］马克思：《经济学手稿》（1857—1858年），《马克思恩格斯全集》第30卷，人民出版社1995年版，第249页。

新冠肺炎疫情、逆全球化与资本主义发展失衡危机[*]

亓为康 丁涛

新冠肺炎疫情的全球蔓延对世界经济造成了极大冲击，经济全球化在短期内被按下了"暂停键"，逆全球化趋势进一步加剧。2008年国际金融危机爆发后，主导经济全球化的西方发达国家就出现了明显的逆全球化倾向，英国"脱欧"、美国"退群"等严重破坏全球合作的事件接连发生，全球治理遭遇严峻挑战。作为曾经全球化的最大受益者，西方发达国家缘何迫切掀起逆全球化潮流呢？本文从政治经济学的理论视角出发，基于新冠肺炎疫情下的逆全球化新动向，透析资本主义发展失衡危机。

一 新冠肺炎疫情与逆全球化潮流

新冠肺炎疫情在世界范围内迅速扩散和蔓延，成为史无前例的全球性大流行病。截至2020年8月上旬，全球累计确诊病例已经超过1900万例，遍布210多个国家和地区，累计死亡人数超过70

---

[*] 该文系2018年度国家社科基金一般项目"基于马克思主义政治经济学视角的全球价值链理论研究"（18BKS005）的阶段性成果。原载《世界社会主义研究》2020年第8期。

万，其中美国是疫情最严重的国家，累计确诊病例超过500万例，累计死亡超过16万人。① 在疫情冲击下，北美、欧洲、日本、印度等各大经济体遭受重创，国际贸易和投资持续萎缩，服务业、交通运输业、制造业等行业大范围停工停业，世界经济陷入前所未有的困境。根据国际货币基金组织（IMF）的预测，受新冠肺炎疫情影响，2020年全球经济预计将萎缩4.9%，其中发达经济体将萎缩8%，发展中国家和新兴市场经济体将萎缩3%，并且超过95%的国家2020年人均收入将为负增长，这是自20世纪30年代"大萧条"以来最严重的经济衰退。② 世界银行发布的新一期《全球经济展望》做出了更为悲观的预测，预计2020年全球经济将萎缩5.2%，并表示如果疫情长时间持续，造成金融动荡，使全球贸易和供应链持续受损，那么2020年全球经济萎缩可能高达8%。③ 为应对疫情冲击，以美国为代表的西方发达国家采取了空前的经济刺激政策，将货币政策和财政政策推向了极限，但仍然难以有效遏制经济衰退的趋势。

为了防控疫情，世界上许多国家和地区都宣布进入紧急状态，纷纷采取"封国"、"封城"、停航、停运等封锁政策，客观上阻断了产品和要素的跨国流动。欧洲多国首次对外大规模关闭边境，切断了与非欧盟国家的"不必要联系"，并在欧盟内部实行"自我隔离"；美国、加拿大等国家采取关闭边境口岸、停飞部分入境航班等方式，试图以此阻断疫情传播渠道。同时，许多国家和地区颁布了居家隔离禁令，大部分企业和学校被迫停工停课，各类商业活动被限制，涉及人员聚集的服务性场所被要求暂停营业。这些为遏制

---

① 疫情数据来自世界卫生组织（WHO）和各国官方网站。
② 参见《国际货币基金组织：预计2020年全球经济将萎缩4.9%》，http://intl.ce.cn/sjjj/qy/202006/25/t20200625_35198565.shtml。
③ 高伟东：《今年全球经济将萎缩5.2%》，《经济日报》2020年6月10日。

疫情传播而采取的管制措施是保护本国公民生命和健康安全的应然之举，是完全有必要的，但通过封锁、隔离等必要措施阻断疫情传播，并不意味着必然导致或应当走向逆全球化，逆全球化极大地阻碍了世界各国携手应对疫情。一些国家采取的过度限制行为[①]，不仅无助于抗疫，反而进一步将世界经济推向了逆全球化的深渊。

  疫情全球蔓延为贸易保护主义的滋生提供了土壤，西方发达国家强化保护"本国利益"的经济政策纷纷出台，其中原本就同中国处于贸易摩擦的紧张状态、拥有大批对华鹰派的美国走在最前面。早在疫情之前，特朗普政府就提出过有关"制造业回流本土"的计划，但当时遭到了来自产业界不同程度的反对，疫情的暴发则坚定了特朗普政府推进相关产业回流的决心。2020年2月初，美国商务部部长威尔伯·罗斯对媒体声称，新冠肺炎疫情的暴发"将有助于加速工作机会回流到北美，一些会回到美国，可能也会有一些去墨西哥"[②]。2020年4月9日，美国白宫国家经济委员会主任莱瑞·库德洛呼吁美国在华企业撤离中国，美国政府会提供全部的"搬家"费用支持。[③] 时任日本首相的安倍晋三也于2020年4月8日宣布日本政府将出资22亿美元鼓励日资在华企业迁出中国。[④] 法国总统马克龙、德国总理默克尔、澳大利亚总理莫里森等也都多次表达了希望维护本国"经济主权"的声音。由此可见，西方发达国家的保护主义和民族主义势力正在借疫情加速与发展中国家、新兴经济

---

  ① 参见《美国新动作，限制人工智能软件出口中国》，https：//www.sohu.com/a/368662842_120350063。

  ② 《值此关头，美商务部长罗斯称"疫情有助工作回流美国"》，https：//www.sohu.com/a/369718291_115479。

  ③ 参见《太狠了！白宫官员竟提议：所有美国公司全撤离中国，搬家费政府出》，https：//baijiahao.baidu.com/s?id=1663693970416996137&wfr=spider&for=pc。

  ④ 参见《最新：日本启动"撤华计划"，拨款2435亿日元"搬离中国"？》，https：//www.sohu.com/a/387435884_120513473。

体进行经济切割,疫情加剧了逆全球化趋势。

客观而言,逆全球化并不是疫情全球蔓延所带来的结果,西方社会出现的逆全球化思潮可谓由来已久。近年来,世界政治经济局势正经历着复杂而深刻的变化,国际形势跌宕起伏,"黑天鹅事件"层出不穷,全球化的发展前景面临着巨大的不确定性,而这种不确定性的一个重要表现就是全球化进程出现逆动。2008年国际金融危机爆发后,曾经主导和引领全球化潮流的西方发达国家就出现了明显的逆全球化倾向,无论是美国的"退群"、英国的"脱欧",还是欧陆国家极右翼势力的抬头,都是例证。"逆全球化"是指与经济全球化相背离、国际合作与国际贸易逐渐消减的全球性发展趋势,反映了全球化的负面效应不断外溢,主要表现在全球贸易和投资萎缩、贸易保护主义抬头、国家干预和极端政治倾向加重。①

受疫情影响,全球贸易、金融和投资均出现了不同程度的停滞或萎缩,印证了逆全球化加剧的趋势。首先,贸易领域的全球化衰退明显。世界银行统计数据显示,世界进出口贸易额占 GDP 比重从 2008 年峰值的 51.5%,降至 2016 年的 42.7%,2018 年略有回升至 46.1%。② 另有数据表明,全球贸易平均增速由 6.9%(1990—2007 年)降至 3.1%(2008—2015 年),而 2018 年的增速仅为 3.0%。③ 其次,金融领域的全球化也呈现收缩之势。国际跨境资本流动在 2007 年达到 11.8 万亿美元的顶峰,约占当年全球 GDP 比重的 12%,随后数年间急转而下,到 2012 年已跌至 4.6 万

---

① 熊光清:《"逆全球化"阻挡不了全球化进程》,《人民论坛》2019 年第 14 期。
② 资料来源:世界银行数据库,https://data.worldbank.org.cn/indicator/TG.VAL.TOTL.GD.ZS。
③ 资料来源:根据世界贸易组织(WTO)《全球贸易增长报告》和商务部商务数据中心数据整理得出。

亿美元，较2007年降幅超过60%。① 最后，投资领域的全球化同样不容乐观。全球对外直接投资流量从20世纪70年代初的141亿美元，迅速增长至2007年的2.26万亿美元。与全球贸易和金融发展历程极为相似，全球对外直接投资快速发展的势头受到2008年国际金融危机的冲击而出现转折。2015年全球直接投资总额为1.76万亿美元，较危机之前的峰值下降了22%。②

逆全球化的另外一个显著表现是贸易保护主义抬头。早在2016年，《瑞士商报》就曾发文指出，美国是限制自由贸易的头号国家，从2008年至2016年，美国对其他国家采取了提高进口关税、国家扶持本地企业、制定反倾销条款、规定公司必须购买本国产品等歧视性条款，共计600余项，是德国、英国以及中国的两倍多。③ 特朗普上台之后，提出"美国优先"战略，对中国输美产品加征关税，在美国和墨西哥边境修筑隔离墙，驱逐非法移民，禁止穆斯林入境，并且陆续退出跨太平洋伙伴关系协定（TPP）、《巴黎气候变化协定》、伊核协议、联合国教科文组织等多个全球性合作协定和组织，甚至在疫情全球蔓延之际宣布退出世界卫生组织，并试图通过"甩锅"中国来推卸自身抗疫不力的责任，这些做法无疑都对目前的全球化进程造成了严重冲击。另外，在欧洲债务危机和难民危机的影响下，英国于2016年"脱欧"公投成功，德国在欧盟内率先收紧了外商投资审查制度，法国在汽车行业推行援助计划，意大利、瑞典、芬兰等国收紧移民政策，这些都是贸易保护主义在全球范围内抬头的表现。

与经济层面的逆全球化彼此呼应、互为表里的是政治意义上的

---

① 孙伊然：《逆全球化的根源与中国的应对选择》，《浙江学刊》2017年第5期。
② 戴翔、张二震：《逆全球化与中国开放发展道路再思考》，《经济学家》2018年第1期。
③ 参见《报告：美才是限制自由贸易头号国家》，http://column.cankaoxiaoxi.com/2016/0729/1249696.shtml。

逆全球化。经济是政治的晴雨表，全球经济形势的变动加速了全球政治的保守主义、民族主义转向。近年来，西方发达国家涌现出一批持逆全球化观点的极端政党，他们在贸易、开放等议题上的政策态度明显趋于保守，并把反对贸易投资自由化、反对开放市场作为竞选口号和纲领，在中下层选民中支持率不断上升。用诺贝尔经济学奖得主保罗·克鲁格曼的话说："全球化正在遭遇政治围攻。"[1] 国家政治势力代表和政党领袖的反全球化主张，使逆全球化逐渐从社会思潮和民间运动转向政治行为。疫情最初在中国暴发时，西方发达国家采取隔岸观火的态度，并质疑中国政治体制和治理模式，甚至落井下石，阻止本国防疫物资对中国出口，而当西方发达国家成为疫情"震中"时，他们受制于国内党派政治斗争和垄断集团私利，应对疫情措施乏力，造成大量人员感染和死亡。为了转嫁国内舆论压力、摆脱政治危机，西方政客刻意将经济问题政治化、将病毒标签化、对中国搞污名化，甚至叫嚣要通过法律诉讼形式向中国索赔，并在"甩锅"之余不断鼓吹境外产业回迁国内，反对经济全球化，使得贸易保护主义裹挟狭隘的民族主义在国际泛滥。

　　毋庸讳言，现有的经济全球化是资本主义主导的经济全球化。在推进全球化过程中，无论是曾经通过殖民主义运动开拓国际市场，还是如今通过"中心—外围"的国际分工体系[2]攫取高额利润，西方发达国家无疑都是全球化的最大受益者，换言之，经济全球化正是西方发达国家兴起的关键原因。时至今日，西方发达国家凭借资本和技术优势，在国际经贸中仍获得丰厚回报。那么，究竟是什么原因导致西方发达国家不惜抛弃建立在所谓的"自由""民

---

[1] Paul Krugman, "Leave Zombies Be", *Finance and Development*, 2016 (4).
[2] 1949年，劳尔·普雷维什在《拉丁美洲的经济发展及其主要问题》的报告中首次提出"中心—外围"的国际分工理论，处于中心的资本主义国家生产技术不断进步、资本不断扩张，而外围的落后国家则处于附属地位，服从于西方发达国家的利益。

主""法治"等原则基础上的"自由主义国际秩序",转而掀起逆全球化潮流呢?

二 逆全球化实际上是西方发达国家纾解发展失衡危机的手段

20世纪80年代以后,西方发达国家内部的制造业利润率呈下降趋势,挤压了资本积累的发展空间,因此,如何为资本积累开拓新空间就成为垄断资本家考虑的首要问题,而解决的办法,无非是空间的拓展和时间的拉伸。正如大卫·哈维所指出的:"资本总是要通过地理扩张和时间重配来解决经常出现的过度积累问题。"[1] 空间的拓展,即扩张资本积累的地理范围,当资本积累的发展由于国内市场的相对狭小而受到阻碍时,就必定要通过地理意义上的空间扩张寻求更广阔的世界市场。资本的扩张本性为世界市场的形成和经济全球化的发展提供了内在驱动力,"不断扩大产品销路的需要,驱使资产阶级奔走于全球各地。它必须到处落户,到处开发,到处建立联系"[2]。时间的拉伸,即延长虚拟资本的循环周期,这主要表现为金融业脱实向虚引起的经济泡沫的持续膨胀。[3] 随着产业资本的高度集中,资本所有权和使用权开始分离,金融资本形成。资本家把投资重点从生产领域逐渐转移到金融领域,更多的过剩资本也从实体产业部门流向利润率更高、流动性更好的金融部门。垄断资本通过时空两个维度调整积累方式,有效开辟了资本积累的新空间,但也为西方发达国家的发展失衡危机埋下了隐患。

---

[1] [美]大卫·哈维:《世界的逻辑》,周大昕译,中信出版社2017年版,第299页。
[2] 《马克思恩格斯文集》第2卷,人民出版社2009年版,第35页。
[3] 王生升:《"一带一路"建设对资本主义体系积累周期的历史超越》,《当代经济研究》2020年第5期。

从空间上看，西方发达国家为保障利润率、实现资本逐利目标，纷纷将国内的过剩产能和过剩资本通过跨国公司源源不断输入发展中国家，并把大量本土制造业生产部门迁往海外，在实现产业结构升级的同时也增加了产业萎缩的风险。发达国家将加工制造业等中低端或边际产业转移出去后，如果不能形成相应的新兴高端制造业加以弥补，就会出现产业空心化现象，而产业空心化会导致本国大量工作岗位流失，政府税收减少，财政赤字和贸易逆差增加，民众的福利保障也相应受到冲击。以中国为代表的发展中国家凭借成本优势，接收了发达国家大量的过剩产能和过剩资本，为这些资本实现价值增值和积累提供了新空间，成为世界经济新的增长极。

从时间上看，西方发达国家垄断资本通过金融衍生品的创新来实现过剩货币资本的"名义积累"。布雷顿森林体系崩溃后，脱离了金本位的美元取得了支配性的货币地位，这就意味着它从此不再以价值实体即抽象劳动作为自己的内容，挣脱了使用价值和价值的束缚，为资本主义世界的由实向虚打开了快捷通道。[①] 以美国为例，1965—1980年美国制造业利润占国内总利润比重的均值为49%，而到2000—2015年已跌至22%；反观金融业，1965—1980年的均值为17%，但到2000—2015年这一数值飙升至28%，超过同期制造业利润率比重。[②] 金融资本取代产业资本成为居于主导地位的资本形式后，伴随经济金融化涌现出的各类金融衍生交易成为过剩资本投机套利的乐园，继起的资产泡沫引发财富效应在一定程度上刺激了债务消费，客观上缓解了资本主义生产过剩的危机，但同时也导致了实体产业的萎缩和金融泡沫的膨胀，进而引发金融危机。

[①] 王生升、李帮喜：《是周期性更迭还是历史性超越？——从世界体系变迁透视"一带一路"的历史定位》，《开放时代》2017年第2期。

[②] 数据来源：根据《2017美国总统经济报告》附表B-6计算得出。

西方发达国家的金融化和发展中国家的工业化是国际分工体系一枚硬币的两面。金融资本虽然能够摆脱物质形态的束缚而独立于资本循环之外，但是股票、债券、保险等金融资产的交易行为本身并不创造价值，如果脱离了商品生产的价值增值过程，金融资本所有权的收益就是无根之木、无源之水。经济发展的根本动力在于创新，而科技创新始终都是围绕工业和制造业展开的，经济金融化看似促进了生产扩张，实则是金融资本家通过金融工具转移了其他阶层的财富。因此，金融业的蓬勃发展并不能真正转化为生产力，以实体产业萎缩为代价的过度金融化从根本上背离了生产力发展的客观规律。实质上，金融资本等虚拟资本的出现是为实体经济服务的，其利润来自对产业资本剩余价值的瓜分，但资本家短视的投机行为反过来削弱了产业资本的积累，不断恶化的生产过剩和资本过剩最终会消解资本主义经济增长的基础，而全球化的发展无疑又加深了这一历史趋势。

2008年国际金融危机的爆发，使西方发达国家重新认识到制造业的重要性，而疫情的全球蔓延又暴露了其产业布局的非均衡性。疫情期间，居于全球价值链分工顶端的西方发达国家出现了产业链和供应链部分断裂的问题，反映出其现有产业布局的"劣势"，强化了各国对全球供应链潜在风险的认知。同时，西方发达国家出现了医疗物资和防护设备的普遍短缺，国内医疗体系被击穿，造成严重的人道主义危机，甚至出现公然拦截他国医疗物资的情况[1]，进一步凸显了其对于全球市场的过度依赖。出于对本国生产能力的担心，包括美国在内的多个国家限制本国医疗器械等产品的出口，并

---

[1] 例如2020年3月9日德国海关拦截了24万只瑞士进口的防护口罩，4月7日美国拦截了德国柏林市政府在中国订购的FFP2型和FFP型口罩。参见《美国开启口罩拦截抢货模式被盟友指为"当代海盗"》，http://news.sina.com.cn/w/2020-04-05/doc-iimxxsth3708957.shtml。

将医疗、食品等事关国家安全的产业纳入战略考量，推动关键产业的供应链回流以实现就近布局。由此可见，当产业空心化和经济金融化引发的发展失衡危机不断扩大进而衍生出复杂的政治和社会问题时，一向标榜自由市场和自由贸易的西方发达国家转而大张旗鼓地推行贸易保护主义政策，妄图掀起逆全球化潮流以扭转不利局面、纾解危机，但其结果将注定失败。

三　逆全球化解决不了资本主义发展失衡危机

我们可以看到，在西方发达国家掀起逆全球化潮流后，其国内经济增长率和全要素生产率依然没有得到实质性的提高，这说明他们并未认清其经济发展失衡的本质。尤其在疫情暴发后，某些西方发达国家忽视持续防控疫情的必要性并仓促重启经济，最终导致疫情失控，进一步凸显了其国家治理能力的低下。不可否认，西方发达国家出现了经济金融化和产业空心化趋势，造成其国内中产阶级退化和就业不足，但全球化并不是唯一原因，甚至不是主要原因。有学者指出，美国就业岗位消失仅有不到13%源于贸易，其他近88%是由于自动化及一些本地因素减少劳动需求所致。[①] 还有学者认为，技术进步可以解释美国制造业65%—80%的失业情况。[②] 特朗普对于全球化的判断只停留在现象层面，他所描述的是美国工厂一个个倒闭、产业工人不断失业，他指责是中国利用全球化抢走了美国人的饭碗，是墨西哥人通过偷渡夺走了美国本土的就业机会。[③] 将失业问题简单归咎于经济全球化，对事物的观察只停留于表面，

[①] 陈伟光、蔡伟宏：《逆全球化现象的政治经济学分析》，《社会科学文摘》2017年第8期。

[②] ［美］约瑟夫·E.斯蒂格利茨：《全球化逆潮》，章添香等译，机械工业出版社2019年版，第16页。

[③] 强世功等：《超越陷阱：从中美贸易摩擦说起》，当代世界出版社2020年版，第165页。

不能透过现象抓住事物的本质，这也是很多西方经济学家的研究局限。为了维护资本家的利益，掩盖资本主义生产关系的剥削本质，西方经济学不顾现实情况，不断以复杂的计量公式和指标体系来包装自己[1]，标榜价值中立，只讲市场价格，导致西方经济学家在专注于经济学演绎模型的同时，逐渐丧失了对现实问题的判断能力。因此，阶级对立和劳资冲突等资本主义生产关系最现实的问题慢慢消失在西方经济学的理论视野中，而恰恰是这些现实因素导致了资本主义发展失衡危机。

资本主义私有制和雇佣劳动制度是我们解析西方社会失业问题的现实基础。根据马克思主义政治经济学原理，资本雇佣劳动力的数量取决于劳动力再生产的费用与资本家所得利润的比较。在预付资本一定的情况下，资本家倾向于雇佣更少的劳动力，而将更大比例的资本投入新技术的研发和机器设备的更新中，以提高劳动生产率。正如马克思所指出的："较高的劳动生产率表现在：资本只须购买较少的必要劳动，就能创造出同一价值和更多量的使用价值。"[2] 技术进步引发的资本技术构成的提高，造成了劳动力市场上内生性的劳动供给过剩，即能够与技术含量更高的劳动工具相结合的劳动者数量减少，其实质是技术对劳动替代程度的深化。资本家对超额利润的追求决定了资本主义生产方式下技术进步必定以劳动力被排挤和替代为代价，最终使制造业利润率下降，吸纳就业减少，在国内表现为金融业高利润对资本的吸引所造成的大量资本涌现和就业转移，在国际上表现为低端制造业不断向劳动力成本相对较低的国家迁入。西方发达国家刻意掩盖其内部的阶级矛盾，无视资本主义条件下资本与劳动关系的对抗本质，反而将诸多的社会问

---

[1] 余斌：《计量经济学批判》，《河北经贸大学学报》2018 年第 3 期。
[2] 《马克思恩格斯全集》第 30 卷，人民出版社 1995 年版，第 363—364 页。

题归咎于全球化本身,并诉诸政治手段以阻止全球化继续推进。

毫无疑问,无论全球化如何演进,资本主义世界劳资关系恶化、贫富分化加剧的趋势是不可逆转的。20世纪80年代以后,以里根经济学和撒切尔主义为代表的主张推行自由化、市场化、私有化的新自由主义大行其道。新自由主义经济政策通过放松管制、削减税率、推行赤字财政等措施,在实现短期经济增长的同时加剧了贫富分化和社会不平等,其政策实践与资本主义的本质是相一致的,是产生资本主义发展失衡危机的深层原因。法国经济学家托马斯·皮凯蒂指出:"现代经济增长与信息传播并未改变资本深层结构与社会不平等的现实……21世纪的今天依然重复着19世纪上演过的资本收益率超过产出与收入增长率的剧情。"[①] 概言之,资本积累的速度总是快于产出和工资的增长速度,大量的社会财富早已通过金融资本的运作转移到华尔街金融资本家手中,从而导致资本主义贫富分化加剧。欧美国家的贫富分化有目共睹,其中美国已经成为最不平等的发达国家,最富有的1%人口占有全国40%的财富,而80%的人口仅拥有大约7%的财富。[②] 世界范围内的不平等同样令人触目惊心,据统计,全球26位富豪拥有的财富相当于38亿贫困人口的总和,至21世纪中叶,全世界前1%的富人,就将拥有全球40%的财富。[③] 由此可见,资本主义生产关系的全球化已经使资本主义世界难以缓解其与日俱增的贫富分化差距。

资本主义世界天生就是不平等的,其根源就在于资本主义基本矛盾,即社会化大生产与资本主义私有制之间的矛盾。资本主义生产关系主导了世界经济,这意味着资本主义基本矛盾也成为世界经

[①] [法]托马斯·皮凯蒂:《21世纪资本论》,巴曙松等译,中信出版社2014年版,第2页。
[②] 廖政军:《两极分化动摇美国人逐梦信心》,《人民日报》2014年6月17日第3版。
[③] 参见《2018〈世界不平等报告〉出炉,这个世界比你想得更不平等》,http://www.globalview.cn/html/global/info_30519.html。

济的普遍矛盾。随着生产力的发展，资本在不断积累过程中趋于提高其有机构成，逐渐加深了劳动对资本的依附程度。相应地，世界范围内雇佣工人的工资增长日益落后于资本的利润增长[①]，这不仅在分配上造成两极分化趋势，而且在流通中造成了普遍的生产过剩。工资和利润分别是社会消费和资本积累的主要来源，当社会消费的增加落后于资本积累的增加达到一定程度时，社会消费对资本积累的巨大缺口就会引发普遍性的生产过剩，从而导致市场供求的严重失衡和经济危机的爆发。全球生产能力无限扩大的趋势与世界范围内有效需求不足之间的矛盾，是资本主义基本矛盾在全球范围内的具体表现。垄断资本通过跨国公司在世界范围内不断优化产业地域布局，重新配置资本结构，他们在资源丰富、价格低廉的地方采购原材料，在劳动力充裕、工资低微的地方加工生产，到商品需求量大、售价高的地方进行销售，其生产经营的出发点始终是为垄断资本的整体利益而非全球经济的整体利益服务的，这必然会导致世界范围内生产发展的盲目性，进而使世界市场呈现出某种程度的无政府状态。跨国公司内部的高度组织性与世界市场无政府状态之间的矛盾，是资本主义基本矛盾的又一具体表现。由此可见，只要资本主义基本矛盾依然存在，资本和劳动的对抗本质以及由此产生的社会不平等就不可能消除，而逆全球化并不能解决这些根本问题。

逆全球化现象虽然在一定程度上反映出西方发达国家正在反思和纠偏以往由自身主导的资本全球化政策，但他们妄图通过某种自我隔离来纾解国内的发展失衡危机，犯了方向性错误。在新冠肺炎

[①] 以美国为例，有报告显示，近几十年来美国工人实际工资增长几乎停滞，美国民众收入差距继续拉大，两极分化趋势愈加明显。参见张朋辉《贫富差距拉大凸显美国社会不公》，《人民日报》2017年10月12日第21版。

疫情暴发后，西方各国经济发展停滞，产业布局短板充分暴露，就业问题突出，社会矛盾不断加剧，这也为全球化带来更多的反对声音。但究其根源，西方发达国家出现的失衡问题来源于资本追逐剩余价值的本性，来源于资本主义私有制下的分配不公，广大劳动者无法公平享受全球化的发展红利。因此，逆全球化解决不了资本主义的发展失衡危机。

（亓为康系南开大学马克思主义学院博士研究生；
丁涛系东北财经大学马克思主义学院副教授）

美国新冠肺炎疫情加剧社会不平等的现状和成因

李 静 程恩富

新冠肺炎疫情在全球蔓延，截至2021年1月19日，全球累计确诊病例超9580万，累计死亡病例超200万。受疫情影响，全球经济面临20世纪30年代"大萧条"以来最严重的衰退。国际货币基金组织（IMF）在2020年10月发布的《世界经济展望报告》中预测，无论是美国、日本、英国等发达经济体，还是新兴市场和发展中经济体，2020年的GDP几乎都将出现程度不同的萎缩。美国等大多数国家要想使经济恢复到疫情前水平，很可能要经历一个漫长、坎坷且充满不确定性的过程。

作为世界头号强国，美国拥有全球最强的经济和科技实力以及最为丰富的医疗资源，然而在抗击疫情的过程中却乱象丛生。截至北京时间2021年1月19日晚，据美国约翰·霍普金斯大学网站的统计显示，美国新冠肺炎累计确诊病例超2400万，累计死亡病例超40万，两个数字均居全球首位，新冠肺炎疫情成为"美国的滑铁卢"[①]。疫情持续蔓延导致美国经济形势不断恶化，社会矛盾和冲

[①] Thomas L. Friedman, "China Got Better. We Got Sicker. Thanks, Trump", *The New York Times*, 2020 – 10 – 13, https://www.nytimes.com/2020/10/13/opinion/trump – china – coronavirus.html.

突凸显，国内财富和收入差距等各种社会不平等状况进一步恶化。

一 新冠肺炎疫情加剧社会不平等的现状

新冠肺炎疫情"大流行"严重地扰乱了社会经济活动，凸显了美国早已存在的各类经济社会问题，加剧了社会不平等的现状。具体而言，主要体现在以下四个方面。

（一）新冠肺炎疫情加剧社会贫富两极分化和阶层固化

一方面，在新冠肺炎疫情期间，餐饮业、娱乐业、零售业、交通运输业及旅游业等行业遭受重创，美国许多企业纷纷裁员、破产或关闭，由此导致失业人数屡创新高。据统计，2020年以来已有超过500家较大规模企业申请破产，达到了10年来的最高点；与此同时，有更多的中小企业则直接选择了关闭。[①] 随之而来的是全美失业率激增，申请失业救济的人数正在以前所未有的速度增长。美国劳工部2021年1月14日发布的数据显示，1月3日至9日当周，美国首次申请失业救济人数达到96.5万人，创下2020年8月底以来的最高记录。数据显示，新冠肺炎疫情暴发前，美国每周首次申请失业救济人数约为22.5万，在2020年春季全国性封锁措施之下，这一数字飙升至700万人，随后在夏季有所下降，但自9月以来一直停留在70万人以上。[②] 一系列数据均表明，当前美国新冠肺炎疫情恶化对就业市场恢复造成了持续阻碍，美国就业市场在经济好转前甚至可能会进一步恶化。

[①] 中央广电总台央视新闻：《美国今年超500家较大规模企业申请破产》，2020年10月12日，http://news.cnr.cn/native/gd/20201012/t20201012_525293386.shtml。

[②] 央视新闻客户端：《美国每周首次失业救济申请人数重回96.5万 远差于预期》，2021年1月14日，http://m.news.cctv.com/2021/01/14/ARTIz0arpaPlGcUaaQzYSuMY210114.shtml。

另一方面,社会财富越来越向少数人集聚。美国有线电视新闻网站(CNN)2020年9月17日报道,美国政策研究所最新一份关于财富不平等状况的报告显示,从2020年3月18日到9月15日,643名最富美国人总共"聚敛"了惊人的8450亿美元资产,其财富合计增长了29%。报告指出,迅速增加的财富使美国最富有人群的净资产总额从2.95万亿美元增加到3.8万亿美元,而数以百万的美国人现在的收入却低于疫情前。[1] 根据彭博社10月8日的报道,美国最富有的50人现在拥有的财富总值近2万亿美元,比2020年年初增加了3390亿美元,几乎相当于最贫穷1.65亿人(超过美国一半人口)的财富之和。[2] 美联储近日也对2020年上半年美国财富状况进行了评估。其发布的最新数据显示,美国的财富分布在种族、年龄和阶级之间存在明显差异。最富有的1%美国人的净资产总额达到34.2万亿美元,而最贫穷的50%美国人的净资产仅为2.08万亿美元,只占美国家庭总财富的1.9%。该数据同时显示,美国白人拥有全国财富的83.9%,而黑人家庭拥有的财富仅为4.1%。[3] 日益增大的贫富差距使美国社会阶层固化日益严重,向上流动的前景日趋黯淡,经济增长带来的收益主要被资产阶级(尤其是金融资产阶级)占据,无产阶级所面临的贫困问题非但未得到有效改善,反而可能出现贫困的代际传递。

(二) 新冠疫情加剧种族不平等

在以白人为主体的美国社会,拉美裔和非裔等少数族裔群体经

---

[1] CNN, "US Billionaires' Fortunes Have Skyrocketed $845 Billion Since March", 2020-09-17, https://edition.cnn.com/2020/09/17/business/us-billionaire-wealth-increase-pandemic/index.html.

[2] Bloomberg, "The 50 Richest Americans Are Worth as Much as the Poorest 165 Million", 2020-10-08, https://www.bloomberg.com/news/articles/2020-10-08/top-50-richest-people-in-the-us-are-worth-as-much-as-poorest-165-million.

[3] 《美媒:新冠肺炎疫情加剧美国社会经济不平等》,央广网,2020年10月12日, http://news.cnr.cn/native/gd/20201012/t20201012_525293381.shtml。

济地位低下，贫困人口较多，长期遭受系统性的种族歧视。据联合国人权理事会的一份报告显示，美国黑人陷于贫困的几率是白人的2.5倍，其婴儿死亡率是白人的2.3倍，失业率是白人的两倍，家庭收入水平则低于白人的2/3，而被收监的概率则是白人的六倍多。[1]

新冠肺炎疫情暴发后，种族不平等现象进一步加剧。美国疾控中心（CDC）2020年10月23日发布的数据显示，从5月1日至8月31日，美国白人感染新冠肺炎死亡人数占总死亡人数的51.3%；相比之下，占总人口12.5%的非洲裔美国人感染新冠肺炎死亡的人数占总死亡人数的18.7%；占总人口18.5%的拉美裔美国人感染新冠肺炎死亡的人数占总死亡人数的24.2%，这一数据比前三个月的统计结果上升了10.2%。[2] 这一现象的出现主要有三个原因：一是拉美裔和非裔由于受教育水平低，大多从事维持社会运转所必需的服务业，疫情期间无法居家办公，直接面临病毒感染的风险；二是由于拉美裔和非裔收入低，比白人更容易患有高血压、心脏病、糖尿病等长期慢性疾病；三是在疫情期间许多人失业，难以享受像样的医疗服务。[3] 在这种条件下一旦感染病毒，很容易恶化。

除此之外，相较白人而言，少数族裔在财务上处于劣势，经济上更脆弱，更容易受到外界环境变动的影响。美国皮尤研究中心近日发布的调查报告显示，美国少数族裔家庭面临严重财务问

---

[1]《联合国报告：美国贫困和不平等问题比想象的更为严重》，新华网，2018年6月5日，http://www.xinhuanet.com/world/2018-06/05/c_1122940871.htm。

[2] Centers for Disease Control and Prevention, "Race, Ethnicity, and Age Trends in Persons Who Died from COVID-19 — United States", 2020-10-16, https://www.cdc.gov/mmwr/volumes/69/wr/mm6942e1.htm?s_cid=mm6942e1_x.

[3] 唐慧云：《新冠疫情肆虐美国，少数族裔备受考验》，《世界知识》2020年第10期。

题，非裔和拉美裔家庭受疫情影响更大。[①] 纽约联邦储备银行最近发布的一项研究报告显示，疫情期间美国白人拥有的企业数量减少了17%，而拉美裔和非洲裔拥有的企业数目分别减少了32%和41%。即使有联邦政府的救助计划，最需要救助的少数族裔企业也没有得到优先考虑。[②] 在新冠肺炎疫情冲击下，美国不同族裔间的财富和收入差距越拉越大，少数族裔将会面临更为艰难的处境。

（三）新冠疫情加剧医疗和健康不平等

美国的医疗系统完全市场化，其上下游被医疗机构、药厂、保险公司等利益集团把持，定价不透明，加之政府不对医疗价格进行规范，这导致美国的医疗费用通常是其他发达国家的两三倍。[③] 因此，对于普通美国人来说，医疗保险非常重要。美国的医疗保险大致可以分为私人医保（商业医保）和公共医保。美国约有66.1%的人拥有雇主提供的商业医保（亦被称作"雇主医保计划"），另有34%的人接受政府提供的公共医保。[④] 一般来说，稍微好一点的商业医疗保险费用为每年2万美元左右，大公司可能会负担雇员70%左右的保费，雇员自付6000美元左右，但即使有比较好的商业保险，就医仍需自付10%左右。[⑤] 如果没有医疗保险，一旦患病将面临高昂的医疗费用。据统计，美国2018年医疗保健支出为3.6万亿美元，人均11172美元，比上一年度增长4.6%，卫生支出占国民生产总值的比重高达17.7%。预计2019—2028年美国卫生支

[①]《美国少数族裔家庭面临严重财务问题》，《人民日报》2020年10月14日第16版。
[②]《美国疫情蔓延凸显种族不平等问题》，《人民日报》2020年8月31日。
[③]《美国分化：疫情加剧"医疗贫富差距"全民医保道阻且长》，央视新闻客户端，2020年10月28日，http://m.news.cctv.com/2020/10/28/ARTIVRDZprb0f0xcP6Z7OJYI201028.shtml。
[④] 刘菲：《新冠疫情冲击美国医保体制》，《银行家》2020年第8期。
[⑤]《新冠疫情下的美国社会"众生相"》，参考消息网，2020年3月17日，http://column.cankaoxiaoxi.com/2020/0317/2404885_6.shtml。

出将以年均 5.4% 的速度增长，到 2028 年将达到 6.2 万亿美元。[①]然而，根据哥伦比亚广播公司 2019 年的报道，近 40% 的美国人无法支付 400 美元的意外开支，有 25% 的美国人因为负担不起医疗费用而不得不放弃必要的治疗。[②] 在新冠肺炎疫情发生之前，就有 8700 万美国人医疗保险不足或没有任何保险。[③] 每年有超过 50 万个家庭因医疗相关债务而宣布破产。

突如其来的新冠肺炎疫情使许多人的生活和命运发生了彻底变化。据《纽约时报》报道，那些处于较低经济阶层的人更有可能感染新冠肺炎，他们也更有可能死于这种疾病。而且，即使对那些保住了健康的底层人士来说，他们也更有可能因为隔离和其他措施而遭受收入损失或失去医疗保障，这种影响可能是大范围的。[④] 根据美国保险行业组织研究，新冠肺炎住院患者的花费中位数为 3 万美元至 6 万美元不等（约 20 万元至 40 万元人民币）。对于数千万因受疫情影响而丧失医疗保险或保险不足的人来说，这一数字是难以承受之痛，一旦感染新冠肺炎就必须面临艰难而残酷的抉择：要么选择治疗，并做好破产的准备；要么放弃治疗，听天由命。

新冠肺炎疫情凸显美国医疗贫富差距，老人、穷人、少数族裔等群体首当其冲。相比之下，富人、体育明星、影视演员以及知名政客等权贵不仅享有病毒检测和治疗上的优先权，而且可以得到高

[①] Centers for Medicare & Medicaid Services, "National Health Expenditure Fact Sheet", 2019 – 12 – 17, https://www.cms.gov/Research – Statistics – Data – and – Systems/Statistics – Trends – and – Reports/NationalHealthExpendData/NHE – Fact – Sheet.

[②] 《中国人权研究会文章：新冠肺炎疫情凸显"美式人权"危机》，新华网，2020 年 6 月 11 日，http://www.xinhuanet.com/world/2020 – 06/11/c_1126100743.htm。

[③] U. S. News, "87M Adults Were Uninsured or Underinsured in 2018, Survey Says", 2019 – 02 – 07, https://www.usnews.com/news/healthiest – communities/articles/2019 – 02 – 07/lack – of – health – insurance – coverage – leads – people – to – avoid – seeking – care.

[④] "As Coronavirus Deepens Inequality, Inequality Worsens Its Spread", 2020 – 03 – 16, https://www.nytimes.com/2020/03/15/world/europe/coronavirus – inequality.html.

水平的私人医疗服务，真正实现了医疗自由。时任美国总统特朗普在2020年3月18日的白宫记者会上承认，有钱有名的人有时会被特殊对待，"也许这就是人生，这时常发生。我注意到有些人很快就接受了检测"①。新冠肺炎疫情将美国医疗体系存在的问题暴露无遗。如果不能从根本上改变盘根错节的医疗利益集团，建立真正的全民医保制度，在突发性重大公共卫生危机面前，仍将有更多的美国人付出惨重的代价。

（四）新冠肺炎疫情加剧教育不平等

美国政府确保每个孩子都有接受正规教育的机会。然而，美国国内不同地区的教育水平存在差异，总体来说是东部和西部沿海地区高于中部地区。同时，由于财富和收入不平等，美国贫穷家庭和富裕家庭间的教育差距越来越大。美国的中小学以地方物业税为依托，学校的质量与社区质量有密切关系，房价越昂贵的高档社区学校质量越好。除学区房以外，富裕家庭还可以送子女去私立精英中小学读书，请有影响的人写推荐信，并让子女参与满足美国大学录取条件的各类活动，如：各类课外辅导课程、"贵族"运动培训班、海外游学等。在这种制度下，市郊那些最不需要帮助的富人孩子往往能够享受最好的学校教育，而中心城区那些最需要帮助的孩子大多只能在质量相对较差的学校接受教育。② 在这样的政策下，富裕家庭的子女显然会比贫穷家庭的子女享有更多的接受高等教育的机会。

在高等教育阶段，收入和财富差距导致的教育不平等更加明显。美国高校实行申请制度，对校友以及提供大额捐赠者的子女给

---

① NBC News, "Coronavirus: Trump Says It May Be 'the Story of Life' that Well-Connected Get Testing First", 2020-03-18, https://www.nbcnews.com/news/us-news/coronavirus-nyc-mayor-slams-nets-over-testing-trump-weighs-n1162971.
② 《美国大学教育不平等加深》，中国社会科学网，2018年1月31日，http://ex.cssn.cn/hqxx/201801/t20180131_3834433.shtml。

予优先照顾；同时，富人的裙带关系也会使其子女在申请大学时具备额外优势。近年来，美国高等教育成本持续高涨，政府的教育扶持资金却越发匮乏。大学生能否顺利取得文凭，与其经济实力息息相关。据《纽约时报》统计，在38所美国知名大学中，来自收入水平处全美前1%家庭的学生数量，多于来自收入水平处全美后60%家庭的学生的总和。① 原本被视为促进社会公平、实现向上流动的重要手段的美国高等教育，在实际上却进一步助长了不平等，加剧了阶级和阶层固化。

新冠肺炎疫情"大流行"引发了一场教育危机。一方面，美国高等教育机构在疫情中备受冲击，最直接的影响是财政压力加剧和资金缺口扩大。据调查显示，在疫情影响下，政府的资金被优先用于社会各行业的抗疫，大学的正常拨款被大幅削减；此外，疫情使得国际留学生入学率下降14.9%，这导致美国大学的收入急剧减少。与此同时，为了应对疫情，各大院校花费了数百万美元对学生进行检测、追踪和隔离。同时，学生改上网课、学校定时清理校园和宿舍等各项措施，也让大学的支出成倍增长。目前新冠肺炎疫情已经影响了美国4000多所高等学府，包括哈佛在内的许多学校陆续实行了冻结招聘、员工提前退休、领导层减薪、重审预算甚至裁员等方法来平衡预算，一些小型文理学院在严重的财务危机面前甚至直接倒闭。美国劳工统计局报告显示，自2020年3月以来，美国大学系统已经裁掉了30多万份工作岗位，亏损数亿美元。② 另一方面，受疫情影响，许多中低收入的美国人无法继续上大学或获得

---

① "Some Colleges Have More Students from the Top 1 Percent Than the Bottom 60", 2017 – 01 – 18, https: //www. nytimes. com/interactive/2017/01/18/upshot/some – colleges – have – more – students – from – the – top – 1 – percent – than – the – bottom – 60. html.
② 《疫情之下的美国大学：裁员30多万人 亏损数亿美元》，央视新闻客户端，2020年11月1日，http: //m. news. cctv. com/2020/11/01/ARTIVmg7ilt5IpTdDL NbjQ4r201101. shtml。

学位。贫困学生和有色人种学生将背负更多的债务、毕业率也会更低。在本科生中，美国土著学生的下降幅度最大（-9.6%），其次是黑人学生（-7.5%），白人学生（-6.6%），西班牙裔学生（-5.4%）和亚裔学生（-3.1%）。[1] 美国国家学生信息交换所研究中心（NSCRC）报告称，2020年新生入学的人数比2019年下降了13%。进入2020年秋季学期大约两个月以来，本科生的入学率比2019年下降了4.4%，高等教育入学率总体下降了3.3%。[2] 在疫情面前人们发现，不论是在阶层跃升，还是在简单的找工作方面，上大学并没有带来明显的竞争优势，越来越多的美国人开始质疑昂贵学费是否物有所值。新冠肺炎疫情恶化了美国教育领域早已存在的各类问题，要使局面得以转变，就必须从根本上寻找原因并有针对性地进行调整。

二　美国新冠肺炎疫情加剧社会不平等的原因

长期以来，包括美国学术界在内的国际学术界对社会不平等的原因进行了探讨，并一致认为财富和收入不平等是造成社会不平等的根源。关于财富与收入不平等，目前学术界形成了三种占据主导地位的观点：一是全球化论，即认为全球化扩大了美国财富和收入的不平等。二是技术进步论，即强调20世纪70年代兴起的新科技革命使美国经济结构发生变化，由此造成"知识工人阶层"与其他

---

[1] National Students Clearinghouse Research Center, "Fall 2020 Undergraduate Enrollment Down 4.4%; Graduate Enrollment Up 2.9%", 2020-11-12, https://www.studentclearinghouse.org/blog/fall-2020-undergraduate-enrollment-down-4-4-graduate-enrollment-up-2-9/.

[2] National Students Clearinghouse Research Center, "COVID-19 Stay Informed with the Latest Enrollment Information National Student Clearinghouse Research Center's Monthly Update on Higher Education Enrollment", 2020-11-12, https://nscresearchcenter.org/stay-informed/.

劳动阶层的收入差距增大。由技术进步论引出了另一种流行说法，即认为教育在美国收入不平等的发展中起了重要作用。三是制度政策说，即政策选择、规则和制度对收入分配具有直接影响。[①] 法国皮凯蒂的新著《资本与意识形态》，就持不同的价值观选择决定不同的制度和政策选择的说法。这些观点在美国国内的保守派和自由派之间引发了激烈的论战，但并不能从根本上解释美国社会不平等的原因。之所以如此，是因为无论保守派还是自由派，都忽视了私人垄断资本主义制度这一根本原因。

第一，私人垄断资本主义经济制度是美国社会不平等的经济根源。

在马克思来看，造成资本主义社会不平等的根源是生产资料私有制条件下资本家对工人剩余价值的无偿占有，这一论断从社会制度层面揭示了不平等产生的真正根源。随着生产集中和资本集中的不断发展，资本主义从自由竞争阶段进入私人垄断阶段。在这个过程中还产生了由工业垄断资本和银行垄断资本融合在一起而形成的金融垄断资本。美国是世界头号经济强国，也是金融资本力量最为强大的国家。以华尔街为代表的金融垄断资产阶级控制了美国的经济命脉和上层建筑，支配了大量的社会财富，是美国事实上的统治者。通过市场控制、税收调节以及对本国和世界其他国家劳动阶级的剥削，美国金融垄断资产阶级获得了高额的垄断利润。在新冠肺炎疫情期间，金融资产阶级趁机发财，赚得盆钵满溢；相比之下，美国普通民众却在经济下行中苦苦寻找出路。这种严重的不平等局面从根本上说是由美国的经济制度造成的。

第二，私人垄断资本主义国家治理低效、政治制度衰败是美国

---

① 于海青：《当前美国学界围绕不平等问题的争论与思考》，《红旗文稿》2014 年第 3 期。

社会不平等的政治原因。

在私人垄断资本主义制度下，国家治理和社会治理的效率较低，其制度的脆弱性在新冠肺炎疫情的影响下暴露无遗。突如其来的新冠肺炎疫情最先冲击的是美国医疗卫生体系。疫情暴发后，美国迅速出现了检测试剂不足、医疗物资短缺、医疗资源挤兑等现象，公共卫生系统短时间内被击穿；紧接着出现了金融体系崩溃，美国股市四次"熔断"。与之相伴随的是美国失业人数激增，社会矛盾尖锐。面对系统性的社会问题，美国特朗普政府非但没有拿出行之有效的解决方案，反而一直极力淡化疫情的影响，甚至用反智和非理性的言论来压制科学的声音。在疫情还未从根本上得到有效控制的情况下，美国政府急于督促各州复工复产，完全不顾民众的生命安全。除此之外，新冠肺炎疫情也暴露出美国政治制度的腐朽和衰败。在疫情暴发前，美国两党部分议员一边对公众表示美国的疫情可防可控，另一边却抛售了大量的股票。在应对疫情的过程中，美国联邦政府和各州政府非但没有通力合作、共同抗疫，反而相互指责，推卸责任，甚至出现了联邦政府"截胡"各州抗疫物资的情况。在应对疫情的过程中，特朗普政府任人唯亲，其女婿贾里德·库什纳负责的"空中桥梁计划"动用联邦政府紧急救灾的权力，从世界各地统一采购抗疫物资，最后却被卖给了5家私人企业。美国各州想要获取医疗物资，必须从这5家私企手里竞拍。在疫情依旧严峻的形势下，两党不顾民众的安危和疾苦，将主要精力集中在党派斗争和总统竞选上。一系列现象均表明，美国在新冠肺炎疫情面前表现出系统性失败，国家治理能力低下、政治制度衰败使社会不平等成为顽疾。

第三，新自由主义进一步加剧了美国社会不平等。

新自由主义起源于20世纪30年代，但在很长一段时间始终处于边缘地位。直至 60 年代后期西方主要资本主义国家出现了"滞胀"局面后,新自由主义才开始兴起,并逐渐在全球泛滥。新自由主义在完全自由的竞争市场和理性的自私经济人假说的基础上,主张"唯市场化""唯自由化""唯私有化"和"唯个人化"。① 所谓"唯市场化",是指把生产要素、产品和服务全部交给市场去调节,反对国家必要的积极调控。所谓"唯自由化"是指让私人跨国公司在国内外市场完全自由地垄断竞争,反对国家和国际必要的制度和政策约束。所谓"唯私有化",是指主张国有企业和公共服务要实行私有化(民营化),反对国家发展必要的国有经济和集体合作经济。所谓"唯个人化",是指人们的福利和生活保障最大程度地由个人承担,反对国家实行社会福利和社会保障措施。新自由主义是一种反映垄断资产阶级的经济理论和政策,其影响遍及政治、文化、社会生活等领域,给世界经济和社会的公平发展带来了许多恶果。

新自由主义是在反对凯恩斯主义经济政策的基础上出现的,旨在服务于金融垄断资产阶级追求利益最大化这一目标。新自由主义主张放松金融监管,开放金融业务,实行金融自由化。这一政策的结果是金融市场迅速发展,美国的虚拟经济与实体经济脱钩,金融资本急剧膨胀,社会财富和收入不断向金融资产阶级聚集,国家权力和上层建筑服务于金融资本的需求。在现实中就表现为美国政府和政党长期被金融利益集团操纵和控制,无法制定和实施促进社会公平的税收、产业、社保等政策。在新冠肺炎疫情暴发后,美国股市四次"熔断",特朗普政府迅速采取了大规模的救市措施。相比之下,在抗击疫情上,美国政府始终行动迟缓,百般推诿,表现不力,数以万计的人因此而丧命。从美国政府救市不救人的做法上不

---

① 朱安东:《认清西方新自由主义的实质》,《人民日报》2012 年 7 月 11 日第 2 版。

难窥见，金融垄断资产阶级的私利早已凌驾于政府和民众的利益之上。在这样的情况下，以金融资产阶级为代表的大资本家的财富和收入自然越来越多，美国社会的贫富差距必然越来越大。

总之，在私人垄断资本主义制度和新自由主义的影响下，事关国民生计与幸福的医疗、教育、失业救济等行业均被私有化，公共服务被当作商品来出售，致使普通民众需要承受高昂的代价。在新冠肺炎疫情这样的突发重大公共卫生危机面前，美国社会依旧遵循私人垄断资本的逻辑在运转，一切都要以资本利益为首要考虑，民众的遭遇和疾苦都被弃置一侧。可以预见的是，只要代表极右垄断资产阶级的新自由主义仍然畅行其道，垄断资本主义的基本矛盾没有消除，美国由财富和收入严重不平等所引发的其他社会不平等问题就无法被根除。

（李静系中国社会科学院博士后、中国社会科学院大学讲师；
程恩富系中国社会科学院学部委员、中国社会科学院大学首席教授）

疫情期间美国对华政策改变的历史因素分析[*]

高 颖 倪 峰

特朗普上台以来，美国将中国锁定为首要战略竞争对手，以经贸领域为主攻方向，发起了史上规模空前的贸易战，在中国台湾问题、南海问题、人文交流等各个领域同时发力，并强力将中国香港问题、新疆问题纳入中美战略竞争的轨道，以印太战略为抓手，不断强化对华地缘战略布局，中美关系不断恶化。新冠肺炎疫情暴发后，美国国内各种反华势力围绕所谓的"中国威胁论"大做文章，频频制造"反华""排华"紧张空气，引燃了美国国内的"红色惊恐"基因，两国关系急转直下。

一 新冠肺炎疫情与"中国惊恐"

新冠肺炎疫情席卷全球。中国首先报告疫情的发生，美国成为疫情的中心，两国防疫举措和效果对比明显。中国的防疫工作取得积极成效，中国政府还为其他国家提供医疗防疫物资与技术援助，获得了

---

[*] 原载《世界社会主义研究》2020年第7期。

国际社会的高度赞赏，展现了中国共产党的强大领导力和中国特色社会主义制度的优越性。美国则因为特朗普政府的应对不力成为疫情最严重的国家，其新冠肺炎确诊人数和死亡人数均列全球首位。中国共产党和中国政府在疫情期间的表现打击了美方的自信心，引发了美国的极度忧虑。

新冠肺炎疫情暴发后，对华惊恐的产生，一方面是美国对中国实力的整体反应，另一方面是美国政客操纵的结果。疫情之下，美国捏造不实信息煽动国内外反华情绪，意图借机打压中国。时任美国国务卿蓬佩奥声称中国政府隐瞒信息导致了这次疫情危机，[①] 参议员科顿甚至妄称病毒可能是中国的生物战计划。[②] 在具体行动上，美国多方面设置对华障碍反映出了中国冲击下美国的紧张与不安。疫情期间，美国不断干涉中国内政，与中国台湾往来密切，意图将之拉入印太战略圈中以进一步加强对华战略包围。在经贸领域，为摆脱中国制约，特朗普政府宣布启动《国防工业生产法》把重要生产链留在美国国内，为制度性"脱钩"提供了可能。[③] 另外，中国公民赴美以及中美学术交流也被施加了新的限制措施，两国之间的矛盾再度升级。

美国政府这种以错误信息引导国内舆论的行为和种种压制中国的举措激活了美国的"反共"基因，美国国内反华情绪高涨。皮尤研究中心数据显示，有66%的美国民众对华持负面看法，创造了此项调查开始以来的最高纪录。在关于中国威胁性的调查中，90%的

[①] 参见《外交部：美国应对疫情表现既让人费解，也令人深思》，https://worl.gmw.cn/2020-06/30/content_33953410.html。

[②] 参见《美国在中国抗击疫情中表现如何？》，http://usa.people.com.cn/n1/2020/0227/c241376-31607477.html。

[③] 参见《新闻分析：动"大锤"造小棉签——美国启用〈国防工业生产法〉的背后考量》，http://www.xinhuanet.com/2020-04/23/c_1125896032.html。

美国民众将中国的力量和影响视作威胁，其中62%将之视作主要威胁。① 新一轮反共反社会主义的"中国惊恐"开始在美国上演。

新冠肺炎疫情作为此次"中国惊恐"的燃点，再次将意识形态之争推向高潮。长久以来，不论是美国与苏联，还是与中国的对抗，冲突的本质都是意识形态之争，对外表现为资本主义国家利用强权围堵社会主义国家，以掩盖其对日益增长的社会主义力量的恐慌。美国对以苏联为首的社会主义阵营的恐慌随着苏联解体、东欧剧变短暂消散，西方资本主义国家纷纷认为社会主义的大厦将随之倾覆。的确，苏联解体、东欧剧变使十月革命的成果付诸东流，严重打击了世界社会主义力量，国际共产主义运动也因此进入低谷，但社会主义的大厦并未完全倾覆，西方所谓的苏联解体、东欧剧变的"多米诺骨牌效应"也未在中国发生。苏联解体后，中国作为世界上最大的社会主义国家，吸取苏联解体、东欧剧变的教训，将科学社会主义理论与时代特征和本国国情相结合，展示出了强劲的生命力，成为世界社会主义力量的中流砥柱，推动着国际共产主义运动的复兴。一直以来，中国共产党领导下的中国沿着中国特色社会主义道路稳步向前，迅速崛起，中国共产党的领导地位、社会主义的国家形态以及中国现有的国家实力和国际地位，使以美国为首的西方资本主义国家将反对共产主义和社会主义的意识形态斗争矛头转向了中国以及中国共产党。于是，"红色惊恐"便融入美国的反华立场之中。

二 "红色惊恐"的起源及表现

疫情期间的"红色惊恐"在历史上并非首次。回顾美国的反共

---

① 参见 Kat Devlin, Laura Sver, Christine Huang, "U. S. Views of China Increasingly Negative Amid Coronavirus Outbreak", https: // www. pewresearch. org/global/2020/04/21/u－s－views－of－china－increasingly－negative－amid－coronavirus－outbreak/。

历史，人们提到最多的还是麦卡锡主义。麦卡锡主义是1950—1954年以美国国会参议员约瑟夫·麦卡锡为代表的极右翼人士在美国掀起的一股极端反共政治逆流，在美国历史上臭名昭著。事实上，麦卡锡主义只能被称作美国反共史上的第二次"红色惊恐"，美国反共运动的历史可以追溯至十月革命胜利后美国国内对这场伟大革命的反应，即第一次"红色惊恐"。

这场惊恐发生在1919—1920年，是美国反共运动的开端。它在俄国十月革命爆发、科学社会主义理论广泛传播和西欧工人运动蓬勃发展的背景下兴起。当时美国身处战后调整和通货膨胀的困境中。十月革命的冲击使恐慌在美国人心中萌芽，在政客、资本家和媒体的煽动下，"红色惊恐"全面爆发。美国上下陷入了对社会主义制度、左翼政客和激进组织以及各类激进运动的恐慌之中。

（一）社会主义制度惊恐

世界第一个社会主义国家在十月革命后建立，国际社会被资本主义一家独揽的时代终结。新兴的社会主义冲击着传统的资本主义，西方的普世价值受到挑战，公有制经济、按劳分配的分配方式和社会主义的价值观成为美国垄断资本全球扩张和对外传播民主自由的障碍，威胁美国的世界霸主地位。在种族优越感、孤立主义、本土主义等潜在基因的驱使下，美国开始了对布尔什维克党和社会主义制度的反击。在苏俄内战期间，美国与英、法、日等协约国乘机进行武装干涉，扶植俄国反革命势力发动武装叛乱，意图将布尔什维克党和苏维埃政权扼杀在摇篮之中。当时，西方资本主义国家对社会主义的敌视就像列宁曾说的那样："现在英、法、美集团把消灭世界布尔什维主义、摧毁它的主要根据地俄罗斯苏维埃共和国当成他们的主要任务。为此，他们准备筑起一道万里长城，像防止瘟疫一样来防止布尔什维主义。"①

第一次"红色惊恐"为美国注入了反共和反社会主义的基因，其间美国针对苏维埃政权的行动也为其接下来打击社会主义制度和共产主义政党提供了借鉴。现在，美国沿袭了曾经的方法来打压中国，通过插手中国台湾、香港、新疆等事务干涉中国内政，支持"台独"分裂势力和"港独"分子等反华派，发起中美经贸摩擦，围攻社会主义制度。但与当时的苏俄相比，今天的中国作为世界上最大的社会主义国家，无论总体实力还是所处的国际环境都发生了翻天覆地的变化，美国的反华制华措施也不断升级，不仅在传统领域对华施压，还在科技、金融等领域设置障碍，收紧中国企业赴美上市和融资渠道，运用多种手段打压华为等中国科技企业，将33家中国公司和机构列入经济黑名单。② 可以说，当下美国对待社会主义的态度甚至比防控瘟疫还要强硬。

（二）对左翼政党和激进组织的惊恐

虽然美国对苏维埃政权进行了打压，但第一次"红色惊恐"期间主要的反共活动还是在美国国内进行。十月革命和西欧工人运动鼓舞着美国社会主义者、共产主义者以及工人阶级奋起反抗的勇气，在布尔什维克党、外国共产党和第三国际的支持下，美国共产主义政党成立并快速发展。因秉持同情、扶持工人阶级与改变资本主义生产方式的理念，领导支持各类激进活动，美国社会党、共产主义工人党、美国共产党与世界产业工人联合会等组织成了美国政府的首要打击目标。

美国联邦政府和各州首先清扫了政府内部的左翼激进分子，社会党核心人物维克拉·伯杰受到国会驱逐。在伯杰事件后，另有两

---

① 《列宁全集》第35卷，人民出版社2017年版，第159—160页。
② 《美国将33家中国实体列入"黑名单"》，《参考消息》2020年5月24日。

名社会党核心人物——查尔斯·施耐克和尤金·代伯斯也相继被判刑入狱。[1] 1920年1月，纽约州议会以社会党损害纽约州和美国最高利益、与国际社会主义政党交好和支持他国革命分子为由，投票驱逐了5名社会党议员。[2] 此外，为打击资本主义制度的颠覆者，美国司法部还发动了两场针对左翼激进组织和共产主义政党的突袭，美国国内"红色惊恐"达到巅峰。1919年11月7日，美国警察和特工在总情报部门（General Itelligence Division）创建的激进分子索引系统及花名册的辅助下，包围了俄国工人联合会的总部、办公室和成员住所，拘捕了现场所有人员。[3] 1920年1月2日，针对美国共产主义工人党和共产党的第二次突袭开始。此次针对共产主义者的搜捕涉及美国33个城市，逮捕了5000名至100000名涉嫌颠覆分子，逮捕行动通常非常残忍，而且在许多情况下没有搜查令。[4] 两次突袭结束，俄国工人联合会和两个共产主义政党损失惨重。被逮捕的外国激进分子在1919年12月21日被驱逐出境，两个共产主义政党的大部分领袖都被关进了监狱，共产主义工人党的39位负责人被提起公诉，在这次大搜捕中被捕的鲁登堡、拉金、温尼茨基和惠特尼等被判了长期徒刑。[5] 美国共产主义力量受到了不小的打击。

除了正面打击左翼政党和激进组织外，总情报部门还秘密监视着激进分子的动向。1919年8月，在约翰·埃德加·胡佛领导总情报部门后，美司法部部长米切尔·亚历山大·帕尔默就曾命其搜寻

---

[1] 王恩铭：《美国1920年的"红色惊恐"》，《史学月刊》1993年第2期。
[2] "The Suspension of the Socialists", *The New York Times*, January 8, 1920.
[3] Austin Smith, *The Red Scare and the Bi's Quest for Power: The Soviet Ark as Political Theater*, University of Central Florida, 2013, p. 103.
[4] Regin Schmidt, *RED SCARE: FBI and the Origins of Anticommunism in the United States, 1919-1943*, Museum Tusculanum Press (University of Copenhagen), 2004, p. 26.
[5] ［美］威廉·福斯特：《美国共产党史》，梅豪士译，世界知识出版社1957年版，第184页。

激进组织及其成员参与各项暴力和颠覆事件的证据，以便对之精准打击。这一行为为美国监视活动提供了依据，2020年5月中旬，特朗普政府秘密设置了范围扩大的升级版监视新名单，名单覆盖的人数超过百万，外国政府实体的掩护机构、政治团体和信息情报收集者等均在这张名单之列。更值得一提的是，相关报道称该名单的设立"改变了警方在犯罪行为发生后进行调查并依据证据追踪犯罪分子的执法行为，变成了可以仅仅根据联想和怀疑，跟踪、监视并搜集证据。这个标准超越了法庭和宪法赋予的权利"[1]。美国似乎已经习惯了在全国陷入惊恐的条件下，调查追踪行动不受法律制约这样的做法。在第一次"红色惊恐"期间，帕尔默就曾未经任何授权与许可闯入居民住所逮捕和扣押居民，大肆搜查文件及资料。如今往事重演，美国在新的惊恐中又实行了这样的做法，可见美国的疑心病日趋严重，美政府已经因恐慌失去了理性。

与此前不同的是，美国在新一轮惊恐中的主要关注点由国内转向了国外，从前攻击美国共产党和共产主义工人党的枪口转向了中国共产党。疫情期间，美国方面延续意识形态斗争，不断抹黑中国，诋毁中国共产党和中国特色社会主义制度。为缓解压力、转移矛盾，美国政客不断指责中国，称中国共产党隐瞒信息导致了这次疫情危机，指责中国的罪责是中国特色社会主义制度长期压迫的结果。特朗普、蓬佩奥等美国高官不断污名化中国，将新冠病毒称为"中国病毒""武汉病毒"。美国密苏里州和密西西比州还接连要对中国政府提起要求追责和巨额赔偿的法律诉讼。[2] 与此同时，中国议题还被与2020年美国大选越来越紧密地捆绑在一起，共和党全

---

[1] [美] 威廉·阿金：《特朗普秘设升级版监控新名单》，《参考消息》2020年5月21日。
[2] 参见刘洁妍、于洋《国际法专家：借疫滥诉是披着法律外衣的"政治病毒"》，http://world.people.com.cn/n1/2020/0529/c1002-31729001.html。

国委员会向竞选机构发送关于攻击中国共产党的备忘录，意图通过积极攻击中国来应对危机，赢得大选。

事实证明，美国国内对中国和中国共产党的惊恐程度再度攀升，完全深陷在这场新的"红色惊恐"之中。

(三) 对激进运动的惊恐

如果说社会主义国家的诞生使嗅觉敏感的美国精英们首先陷入了惊恐，那么，令全美上下陷入恐慌的是美国国内此起彼伏的激进运动。这些激进运动以移民作为力量来源，受到国内外左翼组织的支持和科学社会主义理论的指引，充斥着"红色惊恐"期间的美国。

20世纪的美国工人运动在第一次"红色惊恐"期间达到高潮。工人们打破了可憎的资本主义制度堡垒，开辟了通往社会主义的道路，即使是保守的工人也认识到自由的号角已经吹响。[①] 但这一连串的激进运动从1919年1月21日的西雅图造船厂工人罢工运动开始，在经历了多地示威游行、波士顿警察罢工、钢铁和煤炭工人罢工运动后，终未摆脱被镇压的命运。相较罢工运动，炸弹邮件制造了更为紧张的气氛。1919年4月下旬，36封炸弹邮件被寄出，乔治亚州联邦参议员托马斯和西雅图市市长奥莱·汉森分别因支持1903年《移民法》、反对西雅图总罢工而成为袭击的目标。同年6月，8枚炸弹在几个城市爆炸，[②] 其中一枚炸弹在司法部部长帕尔默的家中爆炸，炸弹携带的传单表示是目标人员发动了阶级斗争，而非无政府主义者或激进分子本身。种族暴乱也是20世纪初美国

---

① [美] 威廉·福斯特:《美国共产党史》，梅豪士译，世界知识出版社1957年版，第154页。
② "Midnight Bombs for officials in 8 Cities" "Bombers Die at Attorney General's House" "Two Victims at Judge Nott's House Here" "Bombs in Boston, Cleveland, Pittsburgh", *The New York Times*, June 3, 1919.

社会十分普遍的现象，1919年，南卡罗莱纳州查尔斯顿和华盛顿特区均爆发了黑人种族暴乱事件。① 在7月的芝加哥骚乱中，一名黑人青年因漂流至密歇根湖白人保留区沙滩后而被砸身亡，因警察拒绝干预，黑人遂奋起反击，引发了长时间的暴乱，导致多人死伤。②

各类激进运动刺激着美国人，引发了大规模的反共恐慌。如今，疫情期间美国的对华恐慌并非如最初一般起因于美国国内掀起的激进运动，而大多是由政府官员、政治精英以及其他利益相关方发表的对华不利言论而诱发的。错误的舆论引导激起了错误的社会情绪，这种做法也是经验使然。回顾历史上的工人运动，资产阶级就为了自身利益有意将工人维护自身利益的运动与激进活动混为一谈，污蔑参与罢工的工人是意图推翻现有制度的激进分子，称工人和世界产业工人联盟背后有布尔什维主义和国外共产党的援助与支持，不断煽动国内紧张和恐惧情绪。如今故伎重演，美国政府继续错误的舆论指引，将包括新华社、中国国际电视台、中国国际广播电台、《中国日报》和《人民日报》在内的5家中国媒体定义为"外国政府职能部门"③，称这些媒体直接服务于中国政府，是官方宣传体系中的一部分。美国政府这种大肆渲染反华紧张气氛的行为，再次将美国国内的对华恐慌推向新的高潮。

三 "中国惊恐"的闹剧终将落幕

种种迹象证实了疫情期间美国的"中国惊恐"是一场闹剧，闹

---

① "For Action on Race Riot Per", The New York Times, October 5, 1919.
② 参见"Chicago Race Riot of 1919", https://www.britannica.com/event/Chicago-Race-Riot-of-1919.
③ 参见《外交部：对美将5家中国媒体定义为"外国政府职能部门"表示坚决反对》，http://xinhuanetcom/2020-02/19/c_1125597412.html。

剧终将散场，无论过去还是现在。曾经的第一次"红色惊恐"闹剧以司法部部长帕尔默对1920年五一劳动节颠覆活动的错误预测结尾，美国民众在冲击下惊醒，加之外部环境的变化，苏俄忙于内战无暇外顾，沃伦·哈定在总统大选中提出了"回归常态"的竞选纲领并致力于缓解劳资矛盾，这些都推动美国恐慌情绪迅速衰退。此次疫情引发的"红色惊恐"也不会例外，新一轮的闹剧将在内部因素和外部条件的相互作用下落幕。

美国自身的现实是闹剧终将落幕的根据。虽然目前就调查数据来看多数民众对华持负面态度，但是，疫情应对不力和反华的副作用已经显露出来，将加速对华恐慌情绪的衰退。历史已经证实了反共恐慌抵挡不住现实的冲击。在20世纪初的"红色惊恐"期间，美国劳动力资源短缺严重威胁着工业生产，这是反共行动中驱逐移民导致的后果，各方因担心自身利益受损而纷纷督促政府尽快结束镇压行动，恐慌情绪因此得以迅速降温。现下，美国作茧自缚，深陷反华惊恐的怪圈，同时深受疫情并引发困扰，国内形势的不断恶化冲击着美国人的对华恐慌情绪。相较外部威胁，内部的动乱更容易让美国人局促不安。疫情已经严重影响了美国的经贸活动和人民的日常生活，加之美国政府对中国企业在美投资设限，打击在美中国企业，多种因素的共同作用导致美国国内失业率突破新高。金融市场混乱、美股大幅滑坡以及"熔断"机制接连触发，已经让美国提前感受到了新一轮惊恐带来的弊病。另外，美国警察暴力执法致黑人乔治·弗洛依德死亡事件重新激起了美国潜在的社会矛盾，反对种族歧视的示威活动快速在美国多个州蔓延，集会升级为暴力活动，使本就面临公共卫生和经济领域双重挑战的美国国内局势雪上加霜。未来，类似的矛盾不知何时再被激起，美国的经济、金融和社会等领域或将产生更多的变数。在这种情况下，对美国国内现状以及未来经济走向和社会稳定的担忧将占据美国人内心的首要地位，使美国在当下和未来一段时间内将更多的注意力转移到提振经济、稳定就业和维持社会秩序等方面，逐渐从内部消化反华恐慌情绪。

中国因素是此次"中国惊恐"的外部条件，也是促使闹剧落幕的重要外因。虽然中国整体力量的快速增长是美国人陷入惊恐的重要影响因素，但引起美国人恐慌的绝非中国坚定的立场。一直以来，"中国坚定奉行独立自主的和平外交政策，尊重各国人民自主选择发展道路的权利，维护国际公平正义，反对把自己的意志强加于人，反对干涉别国内政，反对以强凌弱"。[1] 疫情期间，中国在人类命运共同体理念的指引下开展国际合作，负重前行，第一时间向世界卫生组织报告并分享了新冠病毒的基因序列，为其他国家的防疫工作争取了宝贵时间。中国的发展离不开世界，世界的发展离不开中国。[2] 这不仅体现在抗击疫情工作中，还体现在中外经贸交往上。中国作为世界最大的消费市场、制造业第一大国和重要的原料出口国的地位使美国无法完全脱离对中国的依赖。一方面，惊恐导致的经贸关系遇冷威胁着美国商业利益集团的在华利益，由于利益集团在美国政治中扮演着重要角色，美国政府不能置利益集团的诉求于不顾，进而调整对华经贸关系；另一方面，中国出口美国的中间商品供应受到疫情和反华立场的影响，导致制造业的成本上升，对制造业造成的伤害令美国政府的行动更趋谨慎。此外，即使美国在疫情期间认识到其在医疗物资和防护用品等领域受制于中国并对之进行调整，但短期内在缺少原料的基础上，美国并不能快速提升

---

[1] 习近平：《决胜全面建成小康社会 夺取新时代中国特色社会主义伟大胜利——在中国共产党第十九次全国代表大会上的报告》，《人民日报》2017年10月28日第2版。
[2] 《马克思主义哲学》，高等教育出版社2009年版，第131页。

相关物资的制造效率，仍旧需要依靠中国这样的原料大国和制造业大国的支持。所以，在全球化进程无法逆转的今天，选择经济的高质量稳定发展就要选择搁置恐慌与分歧。因此，无形之中促使闹剧终结的外部条件已具备。

当然，在内外因共同起作用的基础上我们还要认识到惊恐的衰退是量变促成质变的过程。在这场新的"红色惊恐"初期，美国民众被美国政府和政治精英们塑造出来的反华表象所迷惑，透过现象看本质，真正认识到这场闹剧的实质还需要一段时间。随着时间的推移，越来越多的经济和社会矛盾逐渐显露出来，民众逐渐认清是美国自身的原因引发了这场闹剧，各类抹黑中国的言论也将在美国人看到中国在构建人类命运共同体的努力和成效后不攻自破，量变最终超越度的界限而发生质的转变，使恐慌退却，闹剧终结。

全球疫情的消退还须国际社会的共同努力，美国应认清现实，从恐慌中清醒过来，与中国携手，合作抗疫。习近平总书记指出："流行性疾病不分国界和种族，是人类共同的敌人。国际社会只有共同应对，才能战而胜之。"[1]的确，抗击疫情是场攻坚战。抗疫战场上需要战线支撑，而组成这条统一战线的就是包括中美两国人民在内的全人类，这是抗疫攻坚战取得胜利的关键。总之，摒弃零和思维，有效管控分歧，站在全人类立场上，集两国民众之力巩固抗疫统一战线，夺取世界疫情阻击战的胜利才是美国理性防疫的唯一正路。

（高颖系中国社会科学院大学2019级博士研究生，
倪峰系中国社会科学院美国研究所研究员）

---

[1] 《习近平同美国总统特朗普通电话》，《光明日报》2020年3月28日第1版。

新冠肺炎疫情暴露了资本主义制度的局限性[*]

［意］安德烈·卡托内 著
崔 洁译 石 重校

新冠肺炎疫情暴露了资本主义制度的局限性，这种制度将资产阶级的利益而非人民的生命健康摆在首位。

在意大利工人、工会、共产党、社会党以及其他民主进步力量的力争下，国家医疗服务体系于1978年得以建立，但在苏联解体和欧洲社会主义阵营垮台之后的大约30年间，西方资本主义和帝国主义政治势力得到大肆发展，国家医疗服务体系日益遭到严重破坏。在此形势下，意大利公共卫生状况逐年恶化，数百家公立医院关闭，公立医院的床位、医生以及护士和卫生工作者的数量大幅减少，而私立医疗保健却大受青睐。意大利最富裕、人口最多的伦巴第大区是如今新冠肺炎感染人数和死亡人数最多的地区。

其他欧洲资本主义国家也有类似的情况。以英国为例，在第二次世界大战后的30年里，在工党和社会民主党的推动下，英国成为福利型国家。但新自由主义资本主义的出现导致公共卫生支出、

---

[*] 该文为作者给中国社会科学院世界社会主义研究中心的回信，原载《世界社会主义研究动态》2020年第35期。

公立学校和大学的数量被大幅削减，人口状况严重恶化。公共卫生系统薄弱和欠发达的国家受新冠肺炎疫情的打击更大，受害人数也更多。美国是世界主要帝国主义国家，从20世纪初期以来，美国资产阶级就开始镇压工人运动，并大肆宣扬反共思想，却从未建立过公共卫生体系。如今，美国人正在为疫情付出高昂的代价，美国新冠肺炎疫情感染人数和死亡人数已攀升至世界首位。对于特朗普这样一位总是把"美国优先"原则奉为外交圭臬的人来说，这是一个难以接受的事实。

你们清楚地看到了新冠肺炎疫情"大流行"所带来的世界历史的转折。这场疫情以及为控制疫情所采取的措施使人们的生活方式发生了暂时却又根本性的变化，数十亿人被迫隔离数月，生产和商业活动、旅行和交通运输几乎完全受阻，这些可能会使民众意识发生迅速而深刻的变化。

历史上总会有某些时刻、某些情形，可以在很短时间内改变过去几十年间一直处于沉睡状态的民众意识。我们国家也曾有过类似的经历。1943年，受过法西斯主义教育的一代年轻人意识到法西斯主义给国家带来的灾难，毅然决定加入游击队，参加反法西斯和反纳粹抵抗运动。今天，新冠肺炎疫情或许能够引发大众对资本主义的批判和对社会主义的向往。

对于受法西斯主义教育的意大利青年来说，他们之所以能够转变为反法西斯主义的抵抗力量，主要是因为以共产党为主要代表的反法西斯政治先锋派发挥了决定性的重要作用，因此，为了推动反资本主义和亲社会主义意识的形成，共产主义者和社会主义力量有必要在世界各地进行积极的宣传和斗争。这就是我们认为你们的来信极富价值的原因。

你们世界社会主义中心进行的研究、你们出版的杂志、你们经常举办的活动，特别是你们在每年秋季组织的有数百名世界各地学者参加的世界社会主义论坛，都是中国特色社会主义制度的有机组成部分，它由世界上最大的共产党——中国共产党领导。明年我们将要庆祝中国共产党成立 100 周年。中国共产党人致力于在世界各国人民中培养人们对资本主义的批判意识和唤起人们对社会主义的向往，这是极为重要的。

中国共产党人对世界的贡献不仅反映在世界论坛、大会、学术机构和研究中心的相关具有挑战性的声明中，还表现在具体事实中。最新的事实就是中国特色社会主义和中国共产党所展示出的控制疫情蔓延的能力。中国能够成功战胜疫情要归功于守纪律、积极地遵守中国政府指令的 14 亿中国人民。为控制疫情蔓延，中国做出了巨大的个人、社会和经济牺牲。如果没有领导人和人民之间、中国共产党和人民群众之间这种非常牢固的思想纽带，病毒就不可能得到遏制。而这绝非像一些西方媒体经常说的那样，是强加于民众的专政。不幸的是，意大利媒体也这样说。这是中国社会主义民主政治最鲜明的体现之一。人们并非受外部胁迫，也没有受到专政镇压，而是全体人民自动团结起来，积极自觉地参与遏制新冠肺炎疫情的斗争，这是取得伟大成果的基础。中国特色社会主义把人民的生命和健康放在第一位，正如习近平主席在 2020 年 3 月 26 日举行的二十国集团领导人应对新冠肺炎特别峰会上指出的，面对突如其来的新冠肺炎疫情，中国政府、中国人民不畏艰险，始终把人民生命安全和身体健康摆在第一位。

反动派和亲帝国主义者诋毁中国，开展了可耻的"反华"运动。例如，他们攻击中国是一个"专政国家""反民主国家"以及"审查和掩盖信息"等，但他们无法否认中国遏制新冠肺炎疫情措施的有效性和成功性。中国及中国特色社会主义制度正在成为许多人眼中的楷模，成为学习效仿的榜样。

最近几个月以来，中国赢得了我国许多市民的钦佩和尊敬。因为中国在控制疫情方面取得了成功；因为中国为我们提供医生、呼吸机、口罩和医疗设备等大量援助；因为许多在意大利工作的中国公民的模范行为，他们严格遵守政府的规定，积极遏制新冠肺炎疫情的蔓延，事实证明：他们是优秀的爱国者和令人尊敬的中国公民。

把中国与美国及一些欧洲国家领导人在面对这场世界性悲惨疫情风暴时的态度进行比较，可以凸显社会主义在民众心目中的价值。西方资本主义阵营的国家领导人唐纳德·特朗普（Donald Trump）以及英国领导人鲍里斯·约翰逊（Boris Johnson）最初的做法和中国截然不同。他们不是像中国那样把人民的生命和健康放在首位，而是把他们国家资产阶级的经济利益放在首位。

此外，特朗普及一些欧盟国家的政府非常短视和自私，他们试图以牺牲其他国家的利益为代价来保护自己的国家免受疫情的侵袭，他们的举动是出于一种狭隘的单边利益观，有违习近平总书记所提出的"人类命运共同体"的理念，有违人类团结的精神。19世纪伟大的意大利诗人兼哲学家贾科莫·莱奥帕尔迪（Giacomo Leopardi）在其最后一部著作《金雀花》中反思了维苏威火山喷发对赫库兰尼姆和庞贝古城造成的破坏，将人类的团结精神称为"社会链"。因此，2020年3月中旬，一条发表在德国《世界报》（die welt）周日版的新闻引发了人们的愤怒。新闻称，特朗普向正在研发新冠肺炎疫苗的德国生物制药公司 CureVac 提供数百万美元，以确保"仅限美国"获得其疫苗。从青田县运往意大利的呼吸机和 101600 个口罩，被捷克政府没收。这些只是体现这一消极和反动趋势的部分案例。

在意大利，如同在其他西方国家一样，我们发现自己面临着两种截然相反的世界发展趋势：一种坚持人民的生命和健康至上，另一种坚持资本主义利益至上，且藐视人命；一种是中国共产党人正在大力发展和阐述人类命运共同体理念所提倡的各国人民大团结（我们希望能够多用意大利语出版习近平主席关于构建人类命运共同体的书籍，2019 年中央编译出版社出版了英文版），另一种是封闭狭隘的民族主义，其认为自己民族的命运高于其他人民的利益；一种是国际共产主义理想和"世界无产阶级和世界人民联合起来"，另一种是在各国人民之间煽动对立和仇恨；一种是建立新世界秩序的倡议，这一倡议承认世界多样性和合作基础上的互利共赢，新丝绸之路可以率先实现这一点，另一种是不合时宜地企图肯定美国的单极性和美国的绝对优先，如特朗普的"美国优先"口号；一种是中国提出的反帝国主义全球化，建立一个开放的世界市场，从而摆脱美国和大垄断帝国主义的控制，另一种是闭关保护主义。中华人民共和国外交部发言人耿爽在 2020 年 3 月 25 日的新闻发布会上对此予以了明确批判："全球化时代，各国利益深度交融，你中有我、我中有你。全球产业链供应链的形成和发展，是市场规律和企业选择共同作用的结果。美方一些人试图人为地切断全球产业链供应链，甚至鼓噪'脱钩''转移'。这违反时代潮流，违背经济规律，既不理智，也不现实。在疫情面前，这样的行为不但无法解决美国面临的问题，反而会损害美国企业和民众自身利益。"

新冠肺炎疫情的出现影响了世界秩序和一切国际关系。以中国为代表的进步力量和反对美国单极化的国家，与旨在维护帝国主义旧秩序、肆意支配资本的倒退趋势发生了碰撞。

疫情期间，中国的国际主义和团结立场越来越清晰地体现出来。特朗普多次诽谤并鄙视中国，美国疫情蔓延迫使他向中国寻求帮助，中国对此坚定且体面地做出了回应，向美国人民提供了非常具体和重要的声援，并向其提供了大量药品和医疗物资援助。中国正在构建人类命运共同体的道路上砥砺前行。习近平主席于2020年3月26日在G20峰会上的重要讲话、百名中国学者联名写给美国人民的信（发表在《外交学人》上）以及中国共产党同包括意大利共产党在内的世界上230多个政党于4月2日联合发表的《共同呼吁》，都提出各国应把人民的生命安全和身体健康放在第一位，加强国际合作来遏制和根除该病毒的主张。习近平提出："在人类命运共同体理念的指导下，中国将及时分享防控和救治经验，开展联合研究和药物、疫苗等的共同研发，并力所能及地向受疫情影响的国家提供援助。"

疫情期间，中国在政治立场、文化和道德上都是正确的，其可以有力促进数十亿人的思想观念发生深刻转变，可以使他们更亲近社会主义理想。这对社会主义事业的发展大有裨益。

让更多的人正确地了解这一点，是一切社会主义者和真正民主力量的利益所在。尽管我们意大利马克思主义者和共产党人的力量有限，但我们认为，我们有责任加强对中国战略的宣传和研究。我们认识到当今中国共产党人在政治和文化方面对我们所做出的巨大贡献，我们将努力加强相互交流，翻译出版有关中国特色社会主义的文章和书籍。

这将有助于社会主义事业的发展、有助于增进两国人民的友谊。

（安德烈·卡托内系意大利《二十一世纪马克思》杂志主编；
崔洁系天津师范大学马克思主义学院博士研究生；
石重系中国社会科学院世界社会主义研究中心研究人员）

从后疫情时期看百年未有之大变局
——"新冠肺炎疫情与国际时局"学术研讨会综述

张 博

当今世界正经历百年未有之大变局，发展中国家和发达国家、新兴大国和传统大国、社会主义国家和资本主义国家之间围绕制度模式、发展道路展开了激烈的竞争与较量。2020年席卷全球的新冠肺炎疫情对世界格局、国际关系乃至全球政治、经济、文化、社会等造成了重大冲击。随着疫苗在全球广泛铺开和疫情局面趋于好转，如何正确认识和破解后疫情时期的世界秩序、大国博弈以及全球治理等一系列问题，如何准确把握和应对后疫情时期中国所面临的机遇与挑战，是极具理论价值和实践价值的重大问题。在此背景下，2021年3月26日，由南开大学和中国社会科学出版社主办、南开大学—中国社会科学院大学21世纪马克思主义研究院承办的"新冠肺炎疫情与国际时局"学术研讨会在天津召开。

来自中国社会科学院、南开大学、天津市社会科学院、中国社会科学院大学的众多专家学者围绕会议主题进行了深入交流和研讨。与会专家一致认为，百年不遇的新冠肺炎疫情加速了百年未有之大变局的演进，世界地缘政治、国际经济关系、全球治理格局等都在发生着深刻变化,只有充分认清关键变量因素,做出科学研判和积极应对,才能真正实现于危机中育先机、于变局中开新局。

一 科学研判疫情冲击下的时代变局

历史与时代的问题始终都是我们党和国家必须面对的重大理论和现实问题。与会专家认为,在新冠肺炎疫情大流行、大冲击与国际时局大变化、大调整相互交织、相互作用和相互影响之下,要想客观冷静、科学正确地研判当今世界发展变化的性质特点和规律趋势,就要首先准确把握好我们当前所处的时代特征。

全国政协常委、民族和宗教委员会主任,中国辩证唯物主义研究会会长,中国社会科学院大学教授,南开大学终身教授王伟光指出,我们观察今天的国际时局,既要看到疫情给国际时局带来的新变化,又要看到国际时局的本来面貌和实质,既不能因为突如其来的疫情而看不清大势,又不能由于看不到疫情带来的新变化而识不清变数。要善于学会用马克思主义辩证思维的方法分析国际形势,从不变中看到大变,从大变中看到不变。因此,我们首先要充分认清当前仍然处在马克思所指明的历史时代,这一时代的性质、矛盾、主线以及总的趋势规律没有改变。比如社会主义与资本主义两种制度的国际斗争、"资强社弱"的总体格局、"社升资降"的总趋势等都没有改变。同时,也要清醒意识到,在这一大的历史时代背景下,全球局势正在发生着巨大的调整与变迁,科技创新、全球化浪潮、中美战略关系调整等变量因素都深刻影响和改变着世界秩序与国际格局。特别是这次席卷全球的新冠肺炎疫情,更是起到了历史加速器和催化剂的作用,使大变局的变量增加、变数增益,世界格局将迅速迎来新一轮的大调整、大改组、大重构,中国特色社会主义也将面临一系列新的机遇与挑战。总之，只有充分理清当今时代"不变"之中涌动着"大变"和"大变"之中又蕴含着"不变"这一辨证关系，才能真正认清今天国际时局的内在逻辑、发展趋势和变化主线。

中国社会科学院近代史研究所党委书记、副所长金民卿研究员表示，时代问题是一个大问题，科学准确把握时代本质及其阶段性特征，是分析现实、判断形势、制定政策、推进实践、创新理论的重要前提。从后疫情时期看当今世界百年未有之大变局，离不开对时代问题的研究。研究时代问题不能只停留在一般现象性的描述上，而是要以唯物史观视域下的时代观，作为科学准确把握时代本质及其阶段性特征的根本标准和基本遵循，用一种哲学的深度来把握世界变局的大时代与中国特色社会主义新时代的内在关联，用一种全球的视野来看待历史现实性与未来贯通性的内在关联。比如，要看到在这次世界性新冠肺炎疫情的冲击下，社会主义和资本主义两种制度的加速演进和未来趋向，善于在国情中研究时代、在时代中把握国情，通过研究历史、关注当今，进而更好地面向未来，更好地坚持和发展中国特色社会主义。

二　准确把握世界秩序的多重转化

新冠肺炎疫情是一个影响深远的世界性事件。与会专家们认为，新冠肺炎疫情的肆虐蔓延，加快了去全球化的进程，也引发了世界政治形势、经济贸易、产业布局、供应链条等多方面变化，不可避免地促进了世界秩序的改变与转化。

中国社会科学院美国研究所洪源研究员指出，新冠肺炎疫情是一场严重的健康危机，疫情的防控救治、物资的调集分配、疫苗的研制接种等众多问题的积累和连锁反应，加剧了一些国家政治与经济的动荡，加速了西方社会的撕裂和失衡，也促使人们对以往一些根深蒂固的观念进行集中反思，如多元、分权的治理是否适宜危机的应对处理，个人的自由人权与公共卫生安全该如何平衡，"城邦国家"的城墙是否在悄然复兴，等等。疫情下不同国家表现迥异，这导致制度比较、国情比较不可避免，意识形态和国际影响力的竞争也日趋激烈。如此种种都加剧了世界秩序和国际关系的转变，正如基辛格在《华尔街日报》上发表文章所指出的，这场疫情危机之后世界将永久性改变，新冠肺炎疫情大流行将永远改变世界秩序。

中国社会科学院马克思主义研究院国际共产主义运动研究部主任潘金娥研究员表示，在新冠肺炎疫情背景下，各个社会主义国家都有良好表现，世界社会主义的发展也呈现出新态势。中国抗击疫情的成效和经济恢复的水平在全世界独树一帜、显而易见，不仅迅速有效控制住了本国疫情，还向世界提供援助。越南调动各方力量投入疫情应对，在积极管控疫情基础上努力恢复经济，2020年成为16个新兴经济体中经济增长率最高的国家。老挝有效控制了疫情的感染扩散，并积极投入病例救治，治愈率达到百分之百，无死亡病例。朝鲜也充分发挥了预防为主的医学理念和家庭责任医生的特色制度，至今保持零感染。古巴的感染和死亡病例虽高于其他社会主义国家，但远低于南美地区其他国家。而相比之下，资本主义国家管控不力、疫情肆虐，人民苦不堪言、经济下滑倒退。资本主义和社会主义两种制度的高低优劣更加明显，"东升西降"的发展态势也更加明显。我们应该充分了解形势，把握好这个机遇，推动国际共产主义运动走出低谷，走向振兴。

中国社会科学院马克思主义研究院马克思主义中国化部主任刘志明研究员认为，全球范围的新冠肺炎疫情把世界带入了动荡变革期，全球产业链、供应链因非经济因素而面临冲击，国际经济、科技、文化、安全、政治等格局都在发生深刻调整。面对外部的挑战和威胁，一些国家民族主义上升、民粹主义兴起，印度人民党利用疫情危机制造民族冲突、挑起反穆斯林浪潮，欧洲国家的极右翼政客们也给有色人种和移民贴上"病毒"标签，制定排外的民族主义政策，一些极端民粹主义组织甚至利用疫情危机传播恐惧思想和阴谋论。面临防控压力和经济衰退，还有一些国家区域主义抬头、保护主义盛行，特别在医药领域尤为突出，比如限制进出口，提高关税，停止或减少货运，或在其所在地区选择短链生产和供应，既不完全封闭，也不拥抱全球化等。这些都给后疫情时期世界格局的发展演变带来了诸多不确定因素。

三 充分认清国际关系的分化重塑

新冠肺炎疫情从突然爆发到演变为全球公共危机，可以说是世界百年大变局的一种折射。与会专家们认为，疫情的全球流行，客观上触发了各个国家对国际关系的再思考，各国应对疫情的举措也对国际格局、国际合作和全球化等产生重大影响，极大促进了国际关系的重塑。

中国社会科学院俄罗斯东欧中亚研究所吴恩远研究员表示，新冠肺炎疫情加速了国际格局的演进，特别是加速了大国关系的重塑。从美国单方面挑起贸易摩擦到对华全面遏制打压，中美关系急转直下，从战略合作转向恶性竞争，国内外政界、理论界不少人都提出了"新冷战"的观点。旧冷战形成两级格局的特征首先是相互对立遏制，但没有发生大的武力冲突；其次是集团之间的对抗竞争；最后是意识形态的斗争。依据此标准衡量"新冷战"的提法，我们认为该提法还是值得商榷的。一方面，我们一直说中俄之间"背靠背""结伴而不结盟"，中俄两国在此次疫情中守望相助、同舟共济，相互提供医疗支援、共同抗击"政治病毒"，展现了两国高水平的合作关系；另一方面，中美之间摩擦升级、冲突加剧、对抗明显，美国政府借助疫情向中国"甩锅"推责，甚至蛮横干涉中国内政，但也不敢挑起大国战端。可以说，中、俄、美三国仍然是对当前国际局势具有支配地位的大国，而且中、俄、美之间各自都具有不可克服的矛盾。在这种形势下我们应当采取"北联俄，西抗美，维持战略均衡"的方针。

天津社会科学院党组书记、院长靳方华教授认为，中美关系的发展变化，始终深刻影响着世界格局。新冠肺炎疫情作为非战争态势下的全球危机，中美原本有机会相互接近与合作，这也是中国的希望和意愿，然而在美国极右翼势力的推动下两国关系却完全走向了相反的方向。新冠肺炎疫情集中凸显了中美两个大国的冲突与对比。在疫情发生初期，美国政府就没有高度重视，面对公众糊弄敷衍、面对管控犹豫不决，病毒检测效率低下，医药物资严重缺乏，各部门协调管理一团混乱，对民众提高防护意识、参与防控措施也缺乏有效的宣传引导，致使疫情迅速扩散泛滥，确诊人数和死亡人数双双高居不下。疫情防控不力加剧了民众不满和社会矛盾，同时也使国家经济陷入停滞。在这场疫情中，美国硬实力和软实力皆备受冲击，出现了明显的衰落迹象。中国则展现出了强大的组织力和动员力，及时采取积极有效的应对措施，从疫情防控救治到疫苗研发生产始终走在世界前列，并在本国疫情基本控制后积极向各国提供医疗物资援助、分享防控诊疗经验，为世界守住了疫情防控的关键防线、争取了宝贵的应对时间。新冠肺炎疫情加速了大国关系的重塑，也加深了大国之间的博弈与较量，从某种程度上促进了"东升西降"与"中进美退"局势的提前到来。

中国社会科学院荣誉学部委员、拉丁美洲研究所徐世澄研究员指出，新冠肺炎疫情发生一年多以来，国际格局发生了很大变化，中国的对外关系特别是跟拉丁美洲的关系应该说走得更近了。自从2020年2月第一例病例在巴西出现开始，新冠肺炎疫情在拉美各国迅速蔓延，拉美疫情的确诊和死亡人数在很短时间内不断攀升，成为全世界仅次于欧洲的最严重地区之一。同时，疫情影响下的经济衰退加速、贫困人口锐增等问题更令拉美的困境雪上加霜。一直把拉美当作自己势力范围的美国却因国内疫情失控、种族冲突加剧、政治局势混乱等备受困扰、无暇他顾。无论是疫情救治还是经济恢复，拉美国家都已指望不上美国。这一情形促使拉美国家更愿意向中国靠拢，乐于接受中国捐赠医疗物资、供应新冠肺炎疫苗，乐于同中国开展疫情应对、经济贸易等各方面的合作。这些都非常有利于中国与拉美国家外交关系的发展和巩固。

四 积极探索后疫情时期的全球治理

后疫情时期，面对世界诸多新旧问题和挑战不断涌现，全球治理应走向何方？与会专家们认为，倡导文明共生互鉴、构建人类命运共同体以及应对疫情危机的"中国之治"，都会为推动变革和改善全球治理体系作出重大贡献。

中国社会科学院世界经济与政治研究所欧阳向英研究员表示，新冠肺炎疫情对全世界都是一次大考，考验着地球的生态环境力，考验着国家的危机应对力，也检验着政府的决策执行力。后疫情时期，全球性的危机与风险依然存在，各国面临的困难与问题仍旧很多，着眼构建更加有效的全球治理体系，就需要建立基于全球视野的系统性和整体性思维，探索有效的国际协作方式，积极构建应对全球公共危机的人类命运共同体。首先，大国应放弃霸权主义和对抗思维，做负责任、有担当的大国；其次，各国应在和平共处基础上加强友好合作，互通有无，单凭一国的力量很难解决所有问题；最后，新冠肺炎疫情加剧了各国、各阶级、各种族之间的不平等，进入后疫情时期应加强对边缘国家和弱势群体的关怀与扶助。人类命运共同体在哲学上的升华是构建价值共同体，先做到利益上互利共赢、安全上公道正义，才能从价值共同体向命运共同体进一步转化和升华。应当积极打造以共生观念为核心的价值共同体，并以此为雏形和基础构建人类命运共同体，进而运用于全球治理的实践之中。

南开大学马克思主义学院院长刘凤义教授指出，新冠肺炎疫情是全人类遭遇的一场重大的公共安全危机，不仅对人民的生命健康、国家的安全稳定造成了威胁，也考验着各个国家的制度体系和治理能力。在这场严峻的考验中，中国的应对举措和防控管理展示出了十分优越的治理效能。比如高效统一的决策体系，面对突如其来的新冠肺炎疫情，党中央集中领导、统一指挥，充分发挥统揽全局、协调各方的领导核心作用，科学调动各级组织和广大党员干部，迅速建立抗击新冠肺炎疫情的快速反应机制和应急保障机制。再比如广泛而强大的动员力和执行力，调集各方力量、派遣人民军队，最大限度地集中人力、物力、财力，举全国之力支援疫区、抗击疫情，形成群策群力、众志成城的抗疫防线。随着后疫情时期的来临，面对如何尽快提振和恢复世界经济、如何建立有效的国际联防联控机制、如何有效应对新的全球性危机等诸多问题，中国在应对新冠肺炎疫情危机中所表现出的"中国之治"具有十分重大的世界意义。

南开大学习近平新时代中国特色社会主义思想研究院常务副院长纪亚光教授认为，当今世界正处于百年未有之大变局，这大变局形成的一个重要背景就是人类社会从经济的高度一体化发展到更为深层次的政治和文化方面，从而面临着不同文明该如何相遇的问题。新冠肺炎疫情发生以来，中美两国对疫情不同的应对态度和方式，以及因此而引发的世界大变局的不确定性进一步加剧，都使得当下中美关系的未来走向和人类社会的发展前景令人感到困惑。在此形势下，中国应当作怎样的考虑呢？习近平总书记提出了构建人类命运共同体的思想，推动文明交流互鉴，强调文明是多彩的、平等的、包容的，文明多样性是人类进步的不竭动力，不同文明交流互鉴是各国人民共同愿望。进入后疫情时期，面对世界大变局的加速演进和种种矛盾问题的此起彼伏，应该说文明共生和人类命运共同体思想无疑是解决全球问题的理性选择。对于中国来讲，我们需要的就是把自己的事情做好，继续发展经济，大力推进国家治理体系、治理能力现代化。当我们在物质文明、精神文明、政治文明等方面都处于领先状态时，就能对人类光明前景的构建发挥更加积极的作用。

（张博系南开大学—中国社会科学院大学 21 世纪马克思主义研究院特约研究员）

后　　记

经全国哲学社会科学规划领导小组批准,"世界社会主义与资本主义前途命运暨当代国际形势研究"被列为2018年度国家社科基金重大委托项目(项目编号:18@ZH013),王伟光为首席专家。《新冠肺炎疫情与国际时局》是该课题第五批科研成果。王伟光担任主编,钟君、张博负责的编辑集体(李钊等)承担了具体的编务工作。